미래의 경제 독립자
**어린이
경제 9단**

지은이 윤성애

윤성애 금융경제교육 대표로 대학원에서 금융·부동산학을 전공했다.
금융감독원 인증 금융교육 전문강사이자 한국개발연구원(KDI) 인증 경제교육 전문강사이며,
공공기관 및 지자체, 기업, 학교 등에서 연 360회 이상 강연하고 있다.
2019년에는 대한민국 경제교육대상 '경제교육단체협의회 회장상'을 수상하기도 했다.
자산관리사, 신용상담사, 증권투자상담사 등 다수의 금융 분야 자격증을 보유하고 있으며,
〈2080 재테크의 노하우(KBS 대구 아침마당)〉, 〈가계부의 반란(MBN)〉 등 다수의 방송에 출연했다.
저서로는 〈돈 없어도 나는 재테크를 한다〉, 〈하루 5분 부자노트〉가 있다.

이메일 camic3@naver.com
블로그 http://blog.naver.com/camic3

미래의 경제 독립자
어린이 경제 9단

초판 1쇄 인쇄 2022년 11월 22일
초판 1쇄 발행 2022년 12월 3일

지은이 윤성애
발행인 박효상 | **편집장** 김현 | **기획·편집** 장경희, 김효정 | **디자인** 임정현
편집 진행 오수민
마케팅 이태호, 이전희 | **관리** 김태옥

종이 월드페이퍼 인쇄·제본 예림인쇄·바인딩 출판등록 제10-1835호
펴낸 곳 사람in | 주소 04034 서울시 마포구 양화로11길 14-10(서교동) 3F
전화 02) 338-3555(代) 팩스 02) 338-3545 | E-mail saramin@netsgo.com
Website www.saramin.com

책값은 뒤표지에 있습니다.
파본은 바꾸어 드립니다.

ⓒ 윤성애 2022
ISBN 978-89-6049-984-3 73320

우아한 지적만보, 기민한 실사구시 사람in

저축

소비

스스로 용돈 벌기

세금

4차 혁명과 직업

미래의 경제 독립자
어린이 경제 9단

윤성애 지음

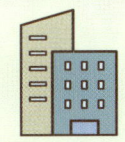
창업과 기업가 정신

주식 투자

부동산

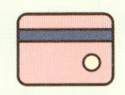
약속을 지키는 신용

제대로 배운 경제 관념,
평생 경제 생활을 좌우한다!

사람in

어린이 친구들에게

안녕하세요. 어린이 친구들! 선생님 소개부터 할게요. 그냥 하면 재미없으니까 가진가 퀴즈로 소개할게요. 가진가 퀴즈는 가짜, 진짜, 가짜로 두 개는 가짜, 하나만 진짜예요. 진짜를 맞혀 보세요.

1. 선생님 별명은 전지현입니다.
2. 선생님은 커피를 좋아합니다.
3. 선생님 취미는 게임입니다.

정답은 1번! 앗, 미안해요. 황당한 표정이겠군요. 1번은 가짜였어요. 선생님 닮은 연예인이 있긴 있대요. 바로 노홍철 씨입니다. 유쾌한 성격도 닮았지만 얼굴이 닮았대요. 수염만 그리면 싱크로율 100%!

2번도 가짜. 정답은 3번이었어요.

게임을 하는 것도 좋아하지만, 경제 게임 만드는 걸 특히 좋아한답니다. 지금부터 선생님과 게임을 하듯이 재미있게 금융에 관해 알아보도록 해요! 시작하기 전에, 앞으로 여러분과 함께 금융 경제 교육을 공부하면서 크게 도움을 줄 친구들을 소개할게요.

- **성열** 기발하고 독특한 아이디어가 많고 장난기도 많아요.
- **주연** 친구의 이야기를 잘 들어주고, 배려심이 있어요.
- **민준** 경제 관련 책을 읽는 것이 취미이고, 아는 것이 많아요.
- **윤성애 선생님** 웃음 많고 유쾌한 금융 경제 교육 전문가예요.

우리 친구들은 '금융, 경제' 하면 어떤 생각이 드나요? 아마도 낯설고 어렵게 느껴질 거예요. 먼저, 금융이란 쉽게 말해 자금 융통! 돈에 여유가 있는 사람에게서 돈이 필요한 사람에게 자금을 원활하게 공급하여 경제 활동이 지속적으로 이루어지게 하는 활동을 말합니다.

이번에는 경제 활동에 관해 이야기해 봐야 할 것 같은데요. 그러면 '돈' 하면 무엇이 생각나는지 말해 볼까요?

- **주연** 과자요. 제가 좋아하는 과자를 돈 주고 살 수 있잖아요.
- **성열** 과자 가격은 천 원. 백 원, 오백 원, 천 원, 오천 원, 만 원, 오만 원! 용돈으로 5만 원 받으면 좋겠다.

민준 저는 저축이요. 이번에 세뱃돈 받아서 저축했거든요. 아, 일부는 펀드에도 투자했어요.

맞아요. 돈으로 살 수 있는 과자도 생각나고, 백 원부터 오만 원까지 화폐도 생각났군요. 용돈, 세뱃돈, 저축에 관해서도 이야기해 주었어요. 경제 활동이란 사람들에게 필요한 것을 생산하고 소비하는 것과 관련된 모든 활동을 말한답니다. 그래서 방금 친구들이 이야기한 돈을 받아서 용돈을 쓰고, 과자 사는 데 쓰는 돈을 통해서 사회가 돌아가는 과정을 말한다고 보면 됩니다. 그래서 이제부터 우리는 금융과 경제 활동과 관련한 10가지 주제로 공부를 하려고 해요. 이 내용은 여러분의 경제 활동에서 합리적인 선택을 할 수 있도록 도와줄 거예요.

세상에 공짜는 없어요. 우리가 손을 씻고 TV를 보는 것도 전기 요금과 수도 요금을 내야 하죠. 우리가 입는 옷, 먹는 음식 모두 다 돈이 필요해요. 돈으로 하고 싶은 것, 갖고 싶은 것도 많을 거예요. 스마트폰이나 게임기처럼 말이죠. 그리고 앞으로 하고 싶은 것은 더욱 많아질 거예요. 가족과 멋진 집에 살거나 좋은 차를 타거나 여행을 가는 것처럼 말이죠. 그런데 원할 때 할 수 있는 사람은 많지 않아요. 돈 걱정이 앞서거든요.

하지만 '돈' 걱정 없이 마음대로 할 수 있게 된다면? 그것도 누군가의 도움 없이 스스로 말이죠! 와! 정말 멋지지 않나요?

그러려면 금융 공부가 필수겠죠! 나만 알면 재미없고 다 같이 알면 더 재미있는 금융 이야기, 스스로 합리적인 판단을 할 수 있도록 1교시부터 10교시까지 알아보는 시간, 지금 시작합니다! 고고!

목차

책에 들어가기에 앞서 •4

1 금융 경제 교육 1교시 돈과 화폐

돈은 무엇일까요? •14
돈은 왜 필요할까요? •18
화폐에는 어떤 인물이 들어갔을까요? •24
돈의 가치는 어떻게 변할까요? •29
돈이면 뭐든 다 살 수 있을까요? •31

함께해 봐요 •33

2 금융 경제 교육 2교시 미래의 소비를 위해 모아두는 '저축'

선택과 기회비용 •36
저축, 왜 해야 할까요? •39
왜 은행에 돈을 맡기는 걸까요? •41
적은 돈도 모이면 큰돈이 돼요 •45
은행이 망하면 저금한 돈도 없어질까요? •48

함께해 봐요 •53

3 금융 경제 교육 3교시 소비

소비 요정, 진아의 이야기 •56
합리적인 소비란 무엇일까요? •60
용돈 기입장을 쓰면 좋은 점 •63
용돈 기입장 적는 방법 •65
소비·낭비·투자 상자 만들기 •70
함께해 봐요 •73

4 금융 경제 교육 4교시 스스로 용돈 벌기

돈은 어떻게 벌까요? •76
용돈은 무엇일까요? •78
어떻게 하면 용돈을 잘 쓸 수 있을까요? •81
홈 아르바이트를 해요 •85
함께해 봐요 •91

5 금융 경제 교육 5교시 공공의 이익을 위해 쓰이는 세금

세금을 내는 이유 •94
세금의 종류 •98
세금을 내기 싫어하는 사람들 •102
현금 영수증 하시겠어요? •104
함께해 봐요 •108

6 금융 경제 교육 6교시
4차 산업 혁명과 미래의 직업

나의 꿈과 미래 •112
시대별 인기 직업 •117
대한민국의 성장과 변화 •120
세계의 성장과 변화, 산업 혁명 •123
4차 산업 혁명의 기술 •126
미래의 모습과 새로운 직업 •132

함께해 봐요 •137

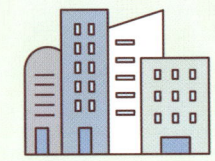

7 금융 경제 교육 7교시
창업과 기업가 정신

스타트업과 벤처 기업 •140
기업은 무엇일까요? •142
재화와 서비스 •144
세계를 놀라게 한 유명한 기업가 •146
사업 계획 세우기 •152

함께해 봐요 •155

8 금융 경제 교육 8교시
주식 투자

여러분의 투자 성향은 어떤가요? •158
'달닭맵닭' 치킨 창업 이야기 •162
코스피와 코스닥 •167
어린이도 주식을 할 수 있을까요? •170
현명한 주식 투자 방법 •176

함께해 봐요 •181

금융 경제 교육 9교시
부동산(내 집 마련)

부동산은 무엇일까요? •184
집을 구하는 방법은 무엇이 있을까요? •187
등기부는 무엇일까요? •189
주연이 가족의 집 구하기 •191
새 아파트는 어떻게 살 수 있을까요? •197
부동산 투기는 무엇이고 왜 나쁠까요? •201

함께해 봐요 •206

금융 경제 교육 10교시
약속을 지키는 신용 (대출)

신용은 무엇일까요? •208
생활 속의 신용과 신용카드 •210
착한 빚과 나쁜 빚 •215
빌린 돈을 갚지 않으면 어떻게 될까요? •217
금융채무 불이행자, 김나락 씨 이야기 •219
신용을 지키는 방법 •223

함께해 봐요 •226

부록

용돈 기입장 •228 | 용돈 계약서 •229
5. 세금의 종류 함께해봐요 정답 •230 | 등기부(갑구) •232

감사의 글 •233
도움받은 자료 •234

금융 경제 교육 1교시
돈과 화폐

돈은 무엇일까요?

돈에 관한 O× 퀴즈로 시작해 볼까요? 우리 친구들도 함께 맞혀 보세요.

퀴즈 1. 지폐는 종이로 만들어졌다?

정답은 ×입니다. 한 친구가 바지 주머니에 지폐가 있는지 모르고 세탁기에 넣었는데, 다행히도 많이 손상되지 않았어요. (그렇다고 지폐를 세탁기에 돌려서는 안 되겠죠?) 지폐는 종이가 아니라 목화솜으로 만든 면섬유예요. 지폐가 면섬유로 만들어졌을 때의 특장점은 다음과 같습니다.

❶ 지폐가 종이처럼 쉽게 찢어지지 않음
❷ 5,500회를 접었다 펴도 견딜 수 있음
❸ 지폐의 양쪽 끝을 잡고 잡아당길 때 버티는 힘이 1,000원의 경우 무려 68kg!

참고로 미국 달러는 4,400회, 일본은 1,500회 수준이고, 일반 종이는 250회 정도밖에 견디지 못한다고 해요. 지폐의 양쪽 끝을 잡고 찢어질 때까지 잡아당길 때 버티는 힘도 우리나라 돈이 가장 강해요. 외환은행에서 실험한 결과 1,000원은 68kg였고, 1,000엔은 42kg, 1달러는 31kg 정도라고 해요. [출처. 기획재정부 경제e야기]

퀴즈 2. 플라스틱으로도 지폐를 만들 수 있다?

정답은 ○입니다. 우리나라는 면섬유로 만들지만, 플라스틱으로 지폐를 만들어 쓰는 나라도 있어요. 이 지폐가 바로 '폴리머 지폐'랍니다. 1988년 호주에서 처음으로 폴리머 지폐가 발행됐어요. 그 이후 1991년 파푸아 뉴기니, 1999년 뉴질랜드, 2001년 캐나다, 2016년 영국 등 현재는 전 세계 47개 국가에서 폴리머 지폐를 사용하고 있답니다.

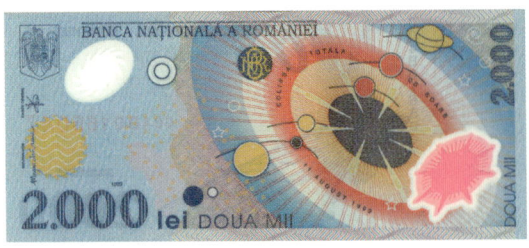

폴리머 지폐의 장점은 무엇일까요? 잘 찢어지지 않고 위조나 복제가 어렵다는 것뿐만 아니라, 지폐가 더러워지더라도 물로 씻어서 재사용이 가능하답니다.

❶ 깨끗함을 유지할 수 있는 청결성
❷ 변질 없이 오래 견디는 내구성
❸ 일정한 상태를 유지하는 안정성

이렇게 장점이 많은데 왜 모든 나라에서 폴리머 지폐를 사용하지 않을까요? 돈을 만드는 데도 돈이 드는데, 폴리머 지폐는 비용이 더 많이 들기 때문이에요. [출처. 기획재정부 경제e야기]

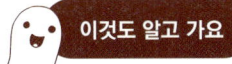 이것도 알고 가요

찢어진 지폐의 5분의 2가 넘게 남아 있으면 금액의 반으로 교환해 준다!

찢어진 지폐의 남아 있는 면적이 원래 크기의 2/5 이상이면 반액으로 교환할 수 있어요. 그리고 남아 있는 면적이 원래 크기의 3/4 이상이면 전액으로 교환도 가능하답니다. 하지만 남은 면적이 원래 크기의 2/5 미만이면 무효로 처리해서 돈을 바꿀 수 없습니다.

우리나라 화폐 단위 '원'은 '둥글다'에서 유래했다!

옛날에는 금 또는 은으로 동전을 만들었어요. 스페인 은화를 본 중국 사람들은 둥글다는 뜻으로 은원(銀圓)이라고 불렀어요. 이때 '둥글다'라는 뜻의 원(圓)이 화폐 이름으로 등장합니다. 통화 단위를 한국에서는 원, 일본에서는 엔이라고 하는데, 모두 '둥글다'라는 한자 圓에서 유래했답니다.

돈은 왜 필요할까요?

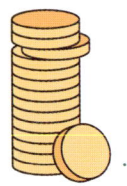

옛날 옛적에 어부 한 명이 살았습니다. 어느 여름날, 어부는 운 좋게도 생선을 10마리나 잡았어요. 생선을 보니 흰쌀밥에 올려 먹으면 좋을 것 같았어요. 그래서 생선 5마리는 쌀과 바꾸기로 결심했어요. 그때는 '돈'이란 개념이 없어서 물건을 서로 주고받았거든요.

어부는 한참 길을 걷다 소를 타고 가는 농부를 만났습니다. 어부가 농부에게 말했어요.

"생선이 많아서 그런데, 혹시 쌀이 있으면 생선과 바꿀 수 있을까요?"

그러자 농부가 말했어요.

"아니요, 저는 감자만 2개 있어요. 감자 2개와 생선 5마리를 바꾸는 건 어때요?"

어부는 감자와 생선을 함께 먹는 걸 상상했습니다. 맛이 없을 것 같았어요.

그리고 무엇보다 감자 2개와 힘들게 잡은 생선 5마리를 바꾸는 건 손해인 것 같았어요. 그래서 어부가 말했습니다.

"저는 쌀을 찾고 있어요. 그리고 생선 5마리와 감자 2개를 바꾸는 건 제가 손해인 것 같아요. 감자 말고 당신이 타고 있는 소 1마리와 생선 5마리를 바꾸는 건 어때요?"

그러자 농부는 화들짝 놀라며

"생선은 한 끼 먹으면 그만이고 소는 몇 년이나 일할 수 있는데 이걸 바꾸자고요? 됐습니다."라고 말하고는 가 버렸습니다.

어부는 해가 다 질 때까지 쌀을 가진 사람을 찾아다녔지만, 무거운 쌀을 가지고 다니는 사람을 만나기란 쉬운 일이 아니었습니다. 그때였습니다. 아침에 보았던 농부가 저 멀리서 오고 있는 게 아니겠어요. 감자라도 생선과 바꿔야겠다는 생각으로 어부는 부리나케 뛰어가 소리쳤습니다.

"생선 5마리와 감자 1개를 바꾸겠어요!"

그러자 농부는 황당해하며 말했습니다.

"쯧쯧, 누가 다 상해 버린 생선과 감자를 바꾸겠소?"

이처럼 물건과 물건을 서로 교환하는 물물교환은 불편함이 컸어요. 내가 원하는 것을 찾기도 어렵고, 찾는다고 해도 나에게 있는 물건이 상대방은 원하지 않는 물건일 수 있었죠. 또 내가 생각하는 가치로 물건을 바꾸기가 쉽지 않았어요. 농부는 생선 5마리의 가치와 감자 2개의 가치가 같다고 생각했지만, 어부는 생선 5마리의 가치가 더 크다고 생각했어요. 그래서 원하는 물건을 찾거나 가치가 비슷한 물건을 찾는 데 시간이 오래 걸렸죠. 그리고 음식 재료는 변하기도 쉽고, 보관도 힘들어 상해 버린 생선처럼 물건의 가치가 없어져 버릴 수도 있었고요.

물물교환의 불편함을 알게 된 사람들은 조개껍데기, 소금, 깃털, 옷감과 같은 가벼운 물건을 화폐처럼 사용했는데 이런 것을 '물품화폐'라고 해요. 하지만 소금은 비가 오면 녹아 버렸고, 깃털은 쉽게 날아가 버리는 문제점이 있었죠. 그래서 등장한 게 '금, 은, 철'과 같은 '금속 화폐'예요. 처음의 금속 화폐는 거래할 때마다 무게를 달아야 하는 불편함이 있었어요. 이후 금속을 녹여 같은 모양과 무게로 금속 화폐를 만들었어요.

'엽전'이라고 들어본 적이 있나요? 둥글고 납작하며 가운데에 네모난 구멍이 있는 옛날 화폐예요. 사진에 있는 상평통보

상평통보

는 조선 시대에 화폐로 사용하던 엽전 이름이랍니다.

그런데 값비싼 물건을 살 때는 어땠을까요? 아마 힘겹게 무거운 동전들을 들고 다녀야 했을 거예요. 그래서 이후에는 가벼운 지폐를 사용하게 되었답니다. 동전과 지폐, 수표. 이후로 신용카드와 전자화폐까지 나오게 되었죠.

오늘날 돈은 물물교환과 달리 교환 수단, 지불 수단, 가치 척도 수단, 가치 저장 수단의 역할을 하고 있어요. 말이 좀 어렵지만 알고 보면 별것 아니에요.

❶ 교환 수단: 화폐를 상품이나 서비스로 서로 바꿀 수 있도록 이어 주는 역할
❷ 지불 수단: 물건을 사고 돈으로 물건값을 내는 데 사용하는 역할
❸ 가치 척도 수단: 물건에 가격을 표시하여 물건이 지닌 가치를 나타내는 역할
❹ 가치 저장 수단: 동전과 지폐에 표시된 액수만큼 가치를 저장하는 역할

그래서 돈이 있으면 언제든지 필요한 물건을 살 수 있어요. 돈을 내고 책을 살 수 있는 것처럼 말이죠.

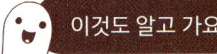 이것도 알고 가요

가상화폐가 뭐죠?

　지폐나 동전과 같은 실물이 아니라 네트워크로 연결된 특정 가상공간에서 전자적인 형태로 쓰이는 전자화폐를 가상화폐라고 합니다. 이것을 이해할 수 있게 먼저 가상화폐로 거래할 때 해킹을 막기 위한 기술인 '블록체인'에 대해서 이야기해 줄게요. 블록체인은 다수의 컴퓨터에 분산 저장하는 시스템을 말해요. 거래 내역이 담긴 하나하나의 블록을 사슬 모양으로 연결하여 이를 수많은 컴퓨터에 동시에 복제해 저장하는 방식이에요. 각각의 데이터(블록)들은 사슬(체인) 형태로 연결되어 있어서 거래가 발생할 때마다 모든 정보를 공유하고 검증한답니다.

예를 들어, 선생님과 민준이가 거래한다고 해 볼까요? 그럼 선생님과 민준이의 기록이 거래 정보로 블록에 기록돼요. 그뿐만 아니라 시장에 참여하는 사람들의 블록도 체인처럼 연결되어 성열이, 주연이에게도 동시 복제 저장된답니다. 그러면 민준이, 성열이, 주연이에게도 동시에 복제되어 공유되어 있으니까 위조나 변조가 어려우므로 안전하게 금융 거래를 할 수 있겠죠? 비트코인이란 이런 블록체인 기술을 이용해 만들어진 가상화폐입니다. 정보의 단위인 비트(Bit)와 동전(Coin)을 합해서 비트코인이라고 지었고요, 실물 없이 거래할 수 있는 전자화폐인 거죠.

　일부 사람들은 안전한 금융 거래로 미래에는 가상화폐가 지금 쓰는 돈 대신 쓰일 가능성이 있다고 예상하기도 해요. 반면, 화폐의 역할인 지불 수단, 가치 척도의 수단, 가치 저장의 수단의 역할을 할 수 없으므로 화폐로는 사용할 수 없다고 이야기하는 사람도 있답니다.

　비트코인은 매일매일 가격이 변합니다. 사려는 사람이 많으면 비트코인 가격이 올라가고 팔려는 사람이 많으면 가격이 내려가지요. 그래서 비트코인이 오르면 팔아서 돈을 벌려고 가상화폐를 사는 사람들도 있어요. 비트코인을 자산 가치로 여기는 사람도 많아졌고요. 하지만 매일 가치가 오르락내리락하는 변동성 때문에 자칫하면 돈을 잃을 위험성이 커요. 또한, 정부나 중앙은행이 발행하는 화폐가 아니므로 정부가 가치나 지급을 보장하지 않는답니다.

화폐에는 어떤 인물이 들어갔을까요?

1. 우리나라 화폐

우리나라 지폐의 앞면과 뒷면에는 역사 속 유명한 인물이 새겨져 있어요. 천 원부터 알아볼까요. 천 원권 앞면에는 퇴계 이황의 초상화와 매화가 그려져 있어요. 퇴계 이황은 매화를 아주 좋아했대요. 세상을 떠나기 전, 마지막으로 한 한마디가 "매화에 물을 주어라"라는 일화가 있을 정도죠. 그리고 퇴계 이황이 학생을 가르쳤던 성균관의 명륜당도 보여요. 뒷면에는 겸재 정선의 '계상정거도'가 그려져 있습니다. 계상정거도는 퇴계 이황이 생전에 머물던 도산서원을 중심으로 그 주변 모습을 담은 풍경화랍니다.

　오천 원권 앞면에는 율곡 이이의 초상화와 오죽헌이 있어요. 오죽헌은 율곡 이이가 태어난 집이에요. 율곡 이이는 오만 원권에 나오는 신사임당의 아들입니다. 그래서 지폐의 뒷면에는 어머니 신사임당의 작품인 '초충도'가 그려져 있어요.

만 원권 앞면에는 세종대왕과 '일월오봉도', '용비어천가'가 그려져 있어요. 일월오봉도는 임금님이 앉는 자리 뒤편에 놓였던 병풍으로, 해와 달 그리고 다섯 봉우리가 한 화폭에 그려져 있답니다. 용비어천가는 훈민정음으로 쓴 최초의 작품이죠. 뒷면에는 조선 시대의 천문관측기구인 혼천의와 국내 최대 광학 망원경이 그려져 있어요.

오만 원권 앞면에는 신사임당의 초상화와 '묵포도도', '조충도수병'이 그려져 있어요. 묵포도도는 신사임당이 그린 포도 그림이에요. 뒷면은 신사임당의 그림이 아닌 어몽룡의 '월매도'와 이정의 '풍죽도'가 장식하고 있어요. 참고로 오만 원권이 발행된 날은 그리 오래되지 않았어요. 2009년에 만들어졌답니다.

2. 외국 화폐

우리나라와 마찬가지로 외국 화폐에는 각 나라를 대표하는 위인들과 건축물 등이 그려져 있어요. 미국 화폐에는 역대 대통령과 정치인의 모습이 담겨 있지요. 남아프리카공화국 화폐에는 특이하게 아프리카를 상징하는 코뿔소, 사자, 아프리카 물소, 표범 같은 동

물이 그려져 있답니다. 멸종 위기에서 보호해야 하는 동물들을 그려 넣은 거죠. 대만 500달러에는 꽃사슴이 담겨 있어요.

3. 위조 방지 장치

지폐에는 위조나 복사를 방지하기 위한 여러 장치가 있어요. 자, 각자 천 원짜리를 가져와서 실험해 보세요. 지폐 앞면을 방 불빛이나 스탠드 조명에 비춰 보세요. 빛에 비춰 보면 왼쪽 흰색 부분에 퇴계 이황의 숨은 그림이 나타나요. 화폐를 이리저리 움직여 보세요. 앞면 가운데 은선이 보이죠? 은선에는 '한국은행 BOK'가 새겨져 있어요. 왼쪽을 자세히 보면 1000이라고 액면 숫자도 돌출되어 있어요. 한국은행 총재 도장도 있고요. 지폐를 바닥에 놓고 오른쪽 옆에 있는 동그라미를 만져보세요. 볼록 인쇄되어 있답니다. 특히, 이 부분은 시각장애인이 화폐를 구별할 수 있도록 도움을 주지요. 천 원은 ●, 오천 원은 ●●, 만 원은 ●●●, 이렇게 구분되어 있어요.

동전에도 위조 방지 장치가 있어요. 동전 테두리를 보면 빗금이 있는데, 이것을 '톱니형 둘레'라고 표현해요. 50원에는 109개, 100원에는 110개, 500원에는 120개가 새겨진 톱니는 동전만의 위조 방지 장치인 거죠. 처음에 톱니형 둘레가 생긴 이유는 사람들이 옆면을 깎아, 그 부분으로 이득을 보려는 시도를 막기 위해서였어요. 톱니형 둘레는 일부 자판기에서 동전을 인식하는 장치로도 활용된답니다. (한국은행 홈페이지 '화폐 – 위조 방지 장치'에서 자세한 내용을 확인할 수 있습니다.)

돈의 가치는 어떻게 변할까요?

어린이 친구들, 짜장면 좋아하나요? 선생님도 짜장면 무척 좋아하는데요. 지금 짜장면 가격이 6,000원 정도인데, 1970년에는 얼마였을까요?

 글쎄요. 2,000원 정도요?

한국물가정보 자료에 따르면 1970년에 짜장면 가격은 100원 정도였다고 해요.

성열 흐억, 물가가 올라서 화폐 가치가 하락한 건가요?

1970년 100원에서 꾸준히 올라서 1980년에는 348원, 1990년에는 1,073원, 2000년에는 2,533원이었는데 지금은 무려 6,000원으로 오른 거죠. 이처럼 물건의 가격은 꾸준히 올라요. 성열이 말처럼 물건의 가치가 계속 오르면 돈의 가치는 떨어지겠죠?

주연 그러면 은행에 예금하고 이자를 받으면 되지 않나요?

저축을 하면 돈을 안전하게 보관할 수 있을 뿐 아니라, 정해진 이자를 받을 수 있어요. 하지만 정해진 이자밖에 받지 못한다는 단점이 있지요. 12만 원이라는 돈을 은행에 저축하고 이자가 2%라면 1년 뒤에 이자로 2,400원을 받을 수 있어요. 정확히는 이자에서 이자 소득세 15.4%인 370원을 뺀 2,030원이요. 그러면 총 122,030원이라는 돈을 받을 수 있겠네요.

성열 그럼 은행에 저축하는 게 손해 아닌가요?

꼭 그렇지만은 않아요. 앞에서도 말했지만, 은행에 돈을 맡겨 두면 안전하게 돈을 보관할 수 있고 이자를 받을 수도 있어요. 물론 저축 외에 다른 운용 방법도 있어요. 저축에 관해서는 2교시와 8교시 단원에서 자세히 알아볼게요.

돈이면 뭐든 다 살 수 있을까요?

돈으로 무엇을 살 수 있을까요? 1,000원이 있다면 과자, 생수, 껌, 볼펜, 지우개, 사탕, 젤리를 살 수 있어요. 5,000원이 있으면 사과, 귤, 핫도그, 떡볶이도 살 수 있겠네요. 10,000원이 있으면 짜장면, 짬뽕, 티셔츠, 다이어리, 햄버거도 살 수 있어요. 50,000원이면 신발, 시계, 피자, 가방, 무선 이어폰도 살 수 있어요. 돈이 많으면 많을수록 더 다양한 것을 살 수 있겠죠? 집, 차도 살 수 있을 거예요. 이처럼 세상 대다수 물건은 가격이 매겨져 있어요. 집, 차, 옷, 음식, 휴대폰, 게임기 등 직접 만지고 눈으로 확인할 수 있는 물건뿐만 아니라 머리카락을 자르고, 병원에서 진료를 받고, 학원에서 수업을 듣는 것 등 서비스를 이용하는 것도 돈이 있으면 가능해요.

하지만 돈이면 뭐든 다 살 수 있을까요? 돈으로 살 수 없는 건 무엇일까요?

- **주연** 가족이랑 친구요. 돈을 엄청나게 많이 준다고 해도 절대 바꿀 수 없어요.
- **성열** 건강이요. 건강을 잃으면 돈도 다 소용없을 것 같아요.
- **민준** 장래 희망이요. 장래 희망은 시간과 노력을 들이지 않으면 이룰 수 없잖아요.

맞아요. 돈이 최고는 아니에요. 앞에서 돈의 역할에 대해 배웠듯이 교환 수단, 지불 수단, 가치 척도 수단, 가치 저장 수단처럼 돈은 목적이 아닌 '수단'이에요. 돈을 모아서 가족과 함께 살 집을 마련하는 것, 가족 여행을 가서 추억을 만드는 것, 기뻐할 친구를 생각하며 생일 선물로 다이어리를 사는 것처럼 돈은 행복을 위한 수단임을 꼭! 기억하세요.

민준이의 말처럼 시간과 노력을 들여야 하는 '꿈'은 돈으로도 살 수 없어요. 나의 꿈, 나의 미래에 관해서는 6교시 단원에서 좀 더 자세히 알아볼게요.

1. 나만의 화폐(지폐와 동전) 디자인을 그려 보세요.

화폐 도안 예시

① 번호   ② 은행명과 액수   ③ 숫자   ④ 인물 또는 동물 그림   ⑤ 세로 숫자

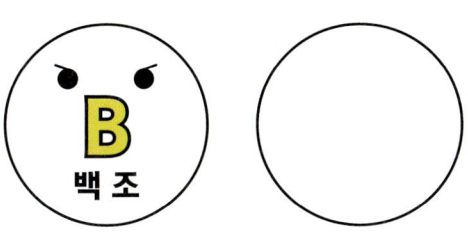

2. 돈으로 할 수 있는 것과 할 수 없는 것을 적어 보세요.

돈으로 할 수 있는 것

예) 맛있는 과자를 살 수 있다.

돈으로 할 수 없는 것

예) 가족을 살 수 없다.

금융 경제 교육 2교시

미래의 소비를 위해 모아두는 '저축'

선택과 기회비용

20XX년 XX월 XX일

내일은 내 생일이다. 엄마, 아빠가 내일 점심때 내가 좋아하는 음식을 사 주신다고 하셨다. 불고기, 비빔밥? 아니야. 짜장면 시켜달라고 할까? 짜장면보다는 치킨이 더 좋은데.... 치킨은 프라이드를 먹을까? 양념치킨을 먹을까? 양념 반, 프라이드 반 먹을까? 난 프라이드치킨이 더 맛있는데.... 그래. 내일 점심은 프라이드치킨으로 결정했어!

주연이는 다양한 음식을 후보로 생각하다가 양념치킨과 프라이드치킨 중 결국 프라이드치킨을 먹기로 했어요. 프라이드치킨을 먹기 위해서 양념치킨을 포기한 것이죠. 포기한 음식 중에서 가장 가치가 큰 이 양념치킨을 '기회비용'이라고 합니다. 이 기회비용을 이해하기 위해 우리가 잘 아는 '개미와 베짱이' 이야기를 볼까요?

여름날, 베짱이는 일은 안 하고 나무 그늘에서 노래 부르고 놀았어요. 개미는 땀을 뻘뻘 흘리며 여름 동안 겨울에 먹을 것을 모았죠. 여름 내내 일만 하는 개미를 보고 베짱이가 놀렸어요. 그러자 개미는 대답했어요.

"겨울이 되면 먹을 것을 구하기 힘들어져. 지금 모아 놓지 않으면 겨울에 굶는다고."

베짱이는 겨울이 오려면 아직 많이 남았다고 생각하며 신나게 노래 부르며 놀았어요. 어느덧 여름이 가고 추운 겨울이 왔어요. 눈보라가 휘몰아치는 추운 겨울날은 개미의 말처럼 먹을 것을 찾을 수가 없었어요. 춥고 배가 고파진 베짱이는 개미의 집을 찾아갔어요.

'똑똑'

"개미야. 먹을 것이 없어서 그러는데, 먹을 것을 좀 나눠 줄 수 있겠니?"

그러자 개미는 "여름에는 노래하고 놀았으니, 겨울에는 춤추며 놀렴."이라고 말하며 거절했답니다.

베짱이는 여름에 노는 것을 선택하고, 먹을 것을 모아 놓는 것을 포기했어요. 베짱이의 기회비용은 먹을 것인 거죠. 반면, 개미는 먹을 것을 선택하고, 노는 것을 포기했어요. 이때 노는 것은? 그렇죠. 바로 개미의 기회비용이랍니다.

기회비용이란 어떤 선택 때문에 포기한 기회들 가운데 가장 큰 가치를 갖는 것을 말하는데요. 기회비용은 비용이므로 작을수록 좋고 클수록 나쁜 것이랍니다.

시간도 다르지 않아요. 1시간이 주어진다면, 숙제를 할 것인지, 게임을 할 것인지 선택해야겠죠. 돈도 마찬가지입니다. 지금 돈을 쓸 수도, 아니면 미래를 위해서 남겨둘 수도 있겠죠. 지금 돈을 쓰는 것을 소비, 미래의 소비를 위해서 모아 두는 것은 저축이라고 합니다. 저축에 관해서 더 자세히 알아보도록 해요.

저축,
왜 해야 할까요?

오늘은 타임머신을 타고 성열이와 민준이의 과거와 미래로 가 볼까요?

1. 성열이는 용돈을 받으면 저축하지 않고, 몽땅 간식을 사 먹어 버렸어요. 어느 날, 성열이가 좋아하는 가수의 앨범이 나왔어요. 성열이는 앨범을 사고 싶었지만 살 수가 없었죠. 돈이 없었거든요. 성열이는 결국 좋아하는 가수의 앨범을 사지 못했답니다.

어른이 된 성열이는 여전히 저축하는 습관을 기르지 못했어요. 외식하고 비싼 옷을 사는 데 돈을 다 써 버렸더니 정작 필요한 집이나 물건을 사지 못했어요.

2. 민준이는 용돈을 받으면 저축을 먼저 한답니다. 가진 돈을 먼저 쓰고 저축하려면 저축하기 힘들다는 것을 알기 때문이에요. 민준이는 좋아하는 가수의 앨범을 사기 위해서 6개월간 꼬박꼬박 용돈을 모았어요. 그래서 가수의 앨범을 살 수 있었죠.

고등학생이 된 민준이는 대학생이 되면 100만 원짜리 노트북을 사겠다는 목표로 매달 2만 원씩 저축했어요. 그리고 명절 때 친척들께 받은 용돈 일부를 저축했어요. 고등학교 졸업할 때쯤 민준이는 목표했던 100만 원을 모아서 노트북을 살 수 있었답니다. 이렇게 저축하는 습관을 키워온 민준이는 어떤 미래를 살고 있을까요?

민준이는 바다가 보이는 멋진 집에 살고 싶었어요. 그래서 열심히 일한 돈을 꼬박꼬박 저축해서 꿈꾸던 집을 샀답니다.

저축은 왜 해야 할까요? 저축해서 돈이 모이면 원하는 것을 할 수 있기 때문이에요. 가족들과 함께 좋은 집에 살고, 어른이 돼서 멋진 차를 타고, 세계 여행을 다니면서 많은 경험을 해 보는 것도 다 가능하죠. 또 급하게 돈이 필요할 때 모은 돈을 쓸 수 있고, 나이가 들어 일하기 힘들어졌을 때 모아 놓은 돈을 생활비로도 쓸 수 있어요. 이처럼 저축을 해야 할 이유가 많답니다.

왜 은행에 돈을 맡기는 걸까요?

앞의 이야기에 나온 성열이가 저축을 하지 않는 이유는 무엇일까요? 성열이에게는 안 좋은 기억이 하나 있었어요. 성열이도 한때는 가진 돈을 저금통에 모으는 습관이 있었는데, 그 소중한 저금통을 누가 가져가 버린 거예요. 열심히 모은 돈이 없어졌으니 얼마나 속상했을까요. 그 이후로 성열이는 돈을 모으지 않았습니다.

그런데 저축하는 방법은 저금통에 돈을 넣는 것만 있는 게 아니에요. 은행에 돈을 맡길 수도 있답니다. 저금통과 은행의 차이점은 무엇일까요?

만약 1만 원을 저금통에 넣어 두면 1년 뒤에 어떻게 될까요? 1만 원 그대로 있겠죠? 하지만 은행에 1만 원을 저금하면 (금리가 2%라고 할 때) 이자 200원도 받을 수 있어요. 아니, 돈을 안전하게 보관해 주면서 거기다 돈을 더해 준다니 신기하지 않나요?

앞에 나온 '금리', '이자'는 우리 친구들에게 낯선 용어일 거예요. 먼저, 금리와 이자에 관하여 알아보도록 해요.

금리는 이자율이라고도 해요. 돈을 빌려준 사람은 약속한 기간 후에 빌려준 원금과 돈을 빌려준 것에 대한 대가로 이자를 받습니다. 이때 원금에 대한 이자의 비율을 금리 또는 이자율이라고 해요.

$$[이자율 = (이자/원금) \times 100]$$

100만 원 저축해서 1년 후 이자가 3만원이라면 금리는 3%가 되는 거예요.

금리가 높으면 내야 할 이자 부담이 커져서 돈을 빌린 사람이 힘들어져요. 반면에 금리가 낮으면 이자를 적게 받으니까 은행에 예금한 사람들은 안 좋겠죠. 그럼 엄마와 함께 은행에 간 민준이의 이야기를 들어 볼까요?

은행에서

 엄마 아이 이름으로 통장을 만들려고요.

 민준 저 용돈 2만 원 받았어요! 저금하러 왔어요.

🧑‍💼 **은행직원** 마침 어린이 통장으로 금리가 좋은 상품이 있어요. 1년 예금하면 금리가 2%, 2년 예금하면 3%랍니다.

🧑 **민준** 금리가 뭐예요?

🧑‍💼 **은행직원** 금리란 한마디로 돈의 값이랍니다. 원금에 지급되는 이자의 비율이에요. 2% 금리로 원금 2만 원을 은행에 맡기면 1년 뒤에 원금 2만 원에 이자 400원을 더해서 20,400원을 받게 되는 거예요.

👩 **엄마** 쉽게 얘기하면 닭과 달걀이라고 할 수 있어. 네가 맡기는 원금 2만 원은 닭이고, 1년 뒤에 그 닭이 낳은 달걀이 이자 400원이 되는 거지.

민준이처럼 은행에 돈을 맡기는 것을 '예금'이라고 합니다. 은행에 예금하면 은행에서는 이 돈을 전부 은행에 보관만 하지 않아요. 돈이 필요한 사람이나 기업에 돈을 빌려주게 됩니다. 이것을 '대출'이라고 해요. 돈을 대출한 사람이나 기업은 돈을 빌려 간 대가를 치러야겠죠. 돈을 빌린 대가로 원금에 추가로 이자를 내는 것을 '대출 이자'라고 합니다.

은행은 이렇게 들어오는 대출 이자의 일부는 은행을 운영하는 데 쓰고 나머지는 돈을 맡긴 고객에게 '예금 이자'를 주죠. 대출 이자에서 예금 이자를 뺀 나머지 부분, 즉 대출과 예금 차이가 나는

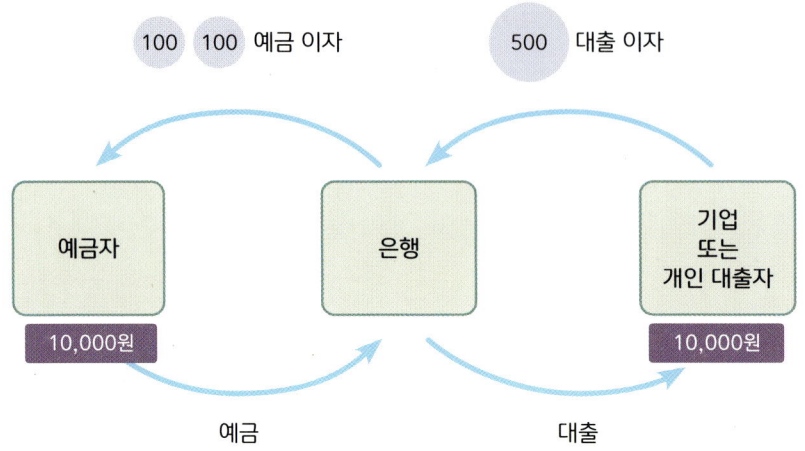

것을 '예대마진'이라고 해요. 은행은 '예대마진'으로 돈을 번답니다.

우리가 1만 원이라는 돈을 은행에 맡긴다면 은행은 돈이 필요한 기업이나 사람에게 1만 원을 빌려줍니다. 대출 금리가 5%라고 가정한다면 은행은 500원이라는 대출 이자를 받게 되고, 예금 이자가 2%라고 한다면 돈을 맡긴 우리는 200원의 예금 이자를 받습니다. 대출 이자가 예금 이자보다 높은 편이라 500원에서 200원을 뺀 금액, 바로 300원이 예대마진이 됩니다.

적은 돈도 모이면 큰돈이 돼요

🧑 **민준** 선생님! 이자가 적어도 너무 적어요. 1년에 이자가 100원도 안 되던데요.

은행의 어떤 저축(금융) 상품에 가입하느냐에 따라서 받는 돈이 달라져요. 금융 상품은 크게 세 가지가 있어요.

먼저 '보통 예금'이에요. 돈을 수시로 자유롭게 입금(통장에 돈을 넣는 것)하고 출금(통장에 있는 돈을 찾는 것)하는 것을 보통 예금이라고 해요. 보통 예금은 금리가 낮은 편이에요. 그래서 매달 만 원씩 입금한다고 해도 금리는 0.1% 정도로 민준이 말처럼 1년에 이자가 100원도 채 안 되는 65원이 된답니다.

두 번째, '정기 예금'은 예를 들어 12만 원이라는 돈을 통장에 한꺼번에 넣어 두고 6개월이면 6개월, 1년이면 1년, 정해진 기간 동안 찾지 않는 저축 상품이에요. 특정 기간 저금하기로 약속했기 때문에 금리가 보통 예금보다 높아요. 만약 금리가 2%라면 이자는 12만 원의 2%인 2,400원이나 되네요.

끝으로 '정기 적금'은 매달 만 원씩 6개월이면 6개월, 1년이면 1년, 약속한 기간 동안 꼬박꼬박 같은 금액을 넣는 저축 상품이에요. 금리가 보통 예금보다 높고요, 금리가 2%라면 이자로 1,300원을 받을 수 있어요.

주연 선생님, 금리가 같은데 왜 받는 이자는 달라요?

좋은 질문이에요. 정기 예금은 12만 원이라는 돈이 통장에서 1년간 머물지만, 정기 적금은 그렇지 않아요. 첫 달에 넣은 1만 원은 1년간 통장에 있고, 두 번째 달에 넣은 1만 원은 11개월, 세 번째 달에 넣은 1만 원은 10개월, 네 번째 달에 넣은 1만 원은 9개월, 다섯 번째 달에 넣은 1만 원은 8개월, 여섯 번째 달에 넣은 1만 원은 7개월, 일곱 번째 달에 넣은 1만 원은 6개월, 여덟 번째 달에 넣은 1만 원은 5개월, 아홉 번째 달에 넣은 1만 원은 4개월, 열 번째 달에 넣은 1만 원은 3개월, 열한 번째 달에 넣은 1만 원은 2개월,

마지막 달에 넣은 1만 원은 통장에 있는 시간이 단 한 달밖에 되지 않기 때문에 기간에 따라 이자도 달라지고, 그래서 기간별로 계산해 보면 1,300원이라는 이자를 받을 수 있는 거죠.

성열 애걔, 이자가 너무 적은 것 같은데요. 저는 저금 안 할래요.

그렇지 않아요. 예를 들어볼게요. 매월 5천 원씩 10년간 모으면 무려 60만 원이라는 돈을 모을 수 있어요. 만약 금리가 3%라고 가정하면, 이자가 10만 원! 5천 원이 적은 돈으로 보였는데 큰돈이 되었죠? 적은 돈으로 보여도 모으면 큰돈이 된다는 사실! 푼돈 모아 목돈이 되는 거죠. 그리고 금리만 볼 게 아니라 모으는 습관이 더 중요하답니다.

은행이 망하면 저금한 돈도 없어질까요?

'은행은 망할 리 없어.'라고 생각했던 사람들에게 엄청난 일이 터진 적이 있어요. 바로 1997년 IMF, 외환 위기 때였어요. 은행에 맡겨 둔 돈을 못 받을 거라고는 생각도 못했는데, 다 돌려받지 못한 상황이 생긴 거죠.

자, 다음 상황을 상상해 보세요. 우리 친구들이 은행에 돈을 넣어 두었는데 은행이 망한다는 소문이 돌기 시작해요. 그럼 여러분은 은행에 돈을 찾으러 달려가겠죠? 그런데 여러분뿐만 아니라 그 은행에 돈을 맡겨 둔 다른 사람들도 은행으로 달려갈 거예요. 이렇게 한꺼번에 사람들이 몰려서 돈을 찾는 것을 '뱅크런'이라고 한답니다. 어려운 말로 '집중적 대규모 예금 인출 사태'라는 뜻이지요.

1932년 대공황, 미국 뉴욕 '아메리칸 유니온 뱅크'의 뱅크런

위의 사진에 나오는 것처럼 미국 대공황 시기에 이렇게 뱅크런 사태가 발생했답니다. 사람들이 예금했던 돈을 찾기 위해 은행으로 달려가 은행 앞이 장사진을 이루었지요.

이 뱅크런과 관련된 것이 우리나라의 '예금자 보호법'이에요. 이 '예금자 보호법'은 1990년대 중반에 생겼는데, 외환 위기 때 이 법은 높은 관심을 불러일으켰어요. 예금자 보호법이란 은행, 증권사, 보험사, 종합금융사, 상호저축은행과 같은 금융회사가 파산했을 때 예금보험공사가 원금과 이자를 합쳐서 1인당 5,000만 원까지 예금을 보호해 주는 것이에요. 즉 은행에 4,800만 원 원금과 이자 200만 원이 있다면 예금보험공사에서 보호해 주니까 은행이 망하더라도 안심할 수 있겠죠. 5,000만 원까지는 없어지지 않고 그 이상이면 없어질 수도 있다는 거예요.

그렇다면 전체 금융기관을 통틀어서 5,000만 원까지만 보호받는 걸까요? 만약 A은행, B은행, C은행, D은행에 5,000만 원씩 총 2억 원이 들어 있다면 어떨까요? 그래도 5,000만 원만 보호받을 수 있을까요? 다행히 그건 아니에요. 개인별, 금융회사별로 5,000만 원씩 가능해서 2억 원 전체를 받을 수 있어요.

예전에 한 은행이 망한 적이 있어요. 그때 사람들은 은행 앞에서 "아이고, 그 돈이 어떤 돈인데!" 하고 엉엉 울었어요. 5,000만 원이 넘는 자산을 한꺼번에 맡겨 두었다가 5,000만 원을 제외한 나머지 금액은 받지 못했기 때문이었어요. 이런 일을 방지하려면 금융기관별로 5,000만 원씩 예금하는 게 안전하겠죠.

다시 정리하면, 예금자 보호법은 예금자 보호와 동시에 뱅크런을 방지하는 기능을 하고 있습니다.

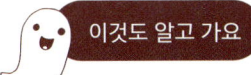 이것도 알고 가요

보험은 무엇인가요?

갑자기 생각지도 못한 위험에 빠지면 어떻게 될까요? 예를 들어, 집에 불이 난다던가, 다치거나 병에 걸려서 병원에 가야 하는데 모아둔 돈만으로는 해결할 수 없을 때는 어떻게 할까요.

이렇게 예측할 수 없는 위험 상황에 대비하여 드는 금융 상품이 보험입니다. 보험은 같은 위험에 처할 수 있는 사람들끼리 '보험료'를 내고, 사고가 나면 '보험금'을 받을 수 있는 제도예요. 일종의 상부상조 개념이죠. 이런 보험에는 국가가 보험 제도를 활용하는 사회보험과 개인이 선택하여 가입이 가능한 개인보험이 있어요.

'사회보험'은 크게 국민의 건강과 관련한 건강보험, 실직과 관련한 고용보험, 노후 대비를 위한 국민연금, 그리고 근로자가 일하는 사업장에서 발생할 수 있는 피해를 보상해 주는 산재보험이 있어요. 이를 4대 보험이라고 해요. 사회보험의 보험료는 소득이 높을수록 더 많이 부담한답니다. 그래서 상대적으로 소득이 적은 사람들에게 많은 혜택이 돌아가도록 해서 나라 전체의 부를 나누는 역할을 하기도 해요.

'개인보험'은 여러분이 TV나 라디오 광고로 자주 접해 봤을 거예요. 생명, 상해, 질병 등의 보험으로 개인의 능력과 필요에 따라 자율적으로 가입, 해지할 수 있어요.

이것 외에 재미있는 보험도 있어요. 인기 연예인이나 운동선수처럼 유명 인사가 불의의 사고를 당하면 재정적 손실을 보장해 주는 것을 '키 퍼슨(Key person) 보험'이라고 해요. 축구 선수 크리스티아누 호날두는 1,400억 원, 팝스타 머라이어 캐리는 1,000억 원 상당의 다리 보험에 가입한 것으로 알려졌어요. 이런 보험금을 받기 위해서는 보험료도 많이 내야 한답니다. '결혼 보험'도 있어요. 결혼과 관련한 행사 중에 발생하는 손해에 관하여 보장받을 수 있는 보험이지요. 또 비가 와서 행사가 취소되는 등의 손해에 대비하는 '행사 보험'도 있고요. 이처럼 보험은 종류가 다양하고 가입 조건도 다 달라서 약관을 잘 살펴보고 가입하는 게 중요하답니다.

1. 음식 월드컵과 기회비용

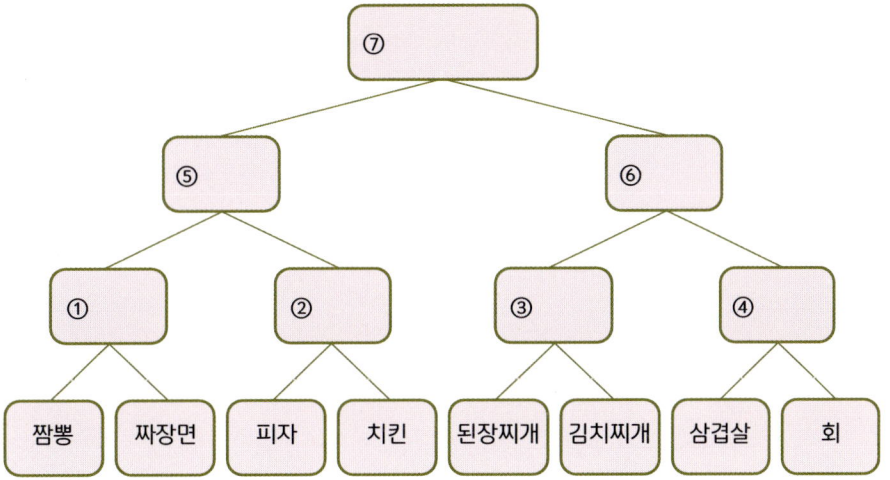

①번부터 짬뽕을 먹을 것인지, 짜장면을 먹을 것인지 선택하세요.
②~④번까지도 ①번과 마찬가지로 선택하세요.
⑤, ⑥번! 드디어 결승전입니다!

- 최종 선택한 음식은 무엇인가요?

- ⑤, ⑥번 중 포기(기회비용)한 것은 무엇인가요?

- 포기한 이유는 무엇인가요?

2. 돈을 모아서 사고 싶거나 하고 싶은 것을 적어 보세요.

한 달 후

필요할 것 같은 금액 _____

3개월 후

필요할 것 같은 금액 _____

1년 이후

필요할 것 같은 금액 _____

금융 경제 교육 3교시

소비

소비 요정,
진아의 이야기

　서현이는 별명이 저축 요정이에요. 용돈을 받으면 저축을 먼저 할 만큼 돈 모으기가 취미인 친구죠. 반면, 진아의 별명은 소비 요정이에요. 취미가 얼마나 많은지 몰라요. 쇼핑, 음악 감상, 보석 십자수, 레고 만들기, 새로 출시한 게임하기 등. 게다가 진아는 친구들한테 맛있는 간식도 많이 사 준다고 해요. 그래서 용돈을 받아도 늘 돈이 부족하다는 진아, 과연 어떻게 된 일일까요?

　오늘은 진아가 한 달 용돈 50,000원을 받는 날입니다. 친구들보다 무려 두 배나 많은 용돈을 받는 진아, 용돈을 받은 하루 동안 어떻게 돈을 썼는지 살펴볼까요?

쓴 것	이유	남은 돈
① 불맛 떡볶이 세트 12,000원	친구들에게 돈 많아 보이려고 제일 비싼 것으로 주문	38,000원
② 고구마 라떼 5,000원	떡볶이만 먹기에는 심심해서 카페에 감	33,000원
③ 고구마 라떼 5,000원	친구 것도 사 줌	28,000원
④ 화장품 15,000원	광고 속 아이돌처럼 예뻐질 것 같아서 삼	13,000원
⑤ 게임 경제 10,000원	50% 할인이어서 바로 결제	3,000원
⑥ 인형 뽑기 3,000원	재미있어서 시작했고 가진 돈을 다 썼지만, 인형은 못 뽑았음	0원
⑦ 머리핀 3,000원	집에 머리핀은 많지만 예뻐서 엄마가 준 비상 카드로 삼	-3,000원

하루 동안 진아가 소비한 내용을 정리해 보았어요.

항목	금액	비율
①, ② 간식비	17,000원	32%
③ 선물	5,000원	9%
④ 화장품	15,000원	28%
⑤, ⑥ 오락	13,000원	25%
⑦ 장신구	3,000원	6%
합계	53,000원	100%

뭔가 크게 잘못된 것 같죠? 진아의 문제점은 무엇일까요?

첫 번째, '과소비'예요. 과소비란 가진 돈보다 더 많은 돈을 쓰는 것을 말합니다. 생활 속에서 과소비 사례를 찾아볼게요.

- 필요하지 않은 물건인데, 예쁘다는 이유로 사는 것
- 머리띠가 집에 많이 있는데, 예쁘다는 이유로 계속 사는 것
- 문 앞에 놓인 택배 때문에 문을 못 열 정도로 인터넷 쇼핑으로 물건을 많이 주문하는 것

두 번째, '충동 소비'예요. 충동 소비란 원래 계획에 없던 소비를 말해요.

- 햄버거 가게 앞에 1+1이라고 적힌 것을 보고 배고프지도 않는데 사 먹는 것
- 50% 할인한다고 필요하지 않은 신발을 사는 것
- 무지갯빛 찬란한 기계식 키보드를 오늘 하루만 69,000원에 판다는 광고에 혹해서 사는 것
- TV를 돌려 보다가 드라마에서 짜장면 먹는 것을 보고 바로 주문하는 것

세 번째, '과시 소비'예요. 과시 소비란 남들에게 보이기 위한 소비를 말해요. 남들에게 보이기 위해 비싼 명품 시계, 명품 가방, 브랜드 옷 등을 무리해서 사는 걸 말하죠. 진아가 친구들에게 돈이 많아 보이려고 일부러 제일 비싼 떡볶이를 주문한 것도 과시 소비인 것이죠.

네 번째, '모방 소비'예요. 모방 소비란 다른 사람이 산다고 따라서 사는 소비를 말해요. 친구들은 다 가지고 있는 것 같은데 나만 그 물건이 없는 것 같은 생각이 들 때가 있을 거예요. 그래서 엄마에게 "우리 반 애들 다 가지고 있단 말이에요."라고 하고서 유행하는 옷을 사고, 연예인이 입고 착용하는 제품을 따라서 산다면 이런 것이 모방 소비라고 할 수 있어요.

다섯 번째, '파생 소비'예요. 파생 소비란 물건 하나를 사고 이어서 그와 관련된 또 다른 물건을 사게 되는 것을 말해요. 휴대폰을 사고 나서 케이스나 키링처럼 휴대폰 액세서리를 사는 것도 하나의 예일 수 있겠네요.

이런 문제점을 고치고 합리적으로 소비하려면 어떻게 해야 하는지 다음 페이지를 읽어 보세요.

합리적인 소비란 무엇일까요?

　합리적인 소비를 하려면 어떻게 해야 할까요? 먼저, 필요와 욕구를 나눌 수 있어야 해요. '필요'는 없어서는 안 되는 것, 살면서 반드시 꼭 있어야만 하는 것을 말해요. '욕구'는 반드시 있어야 하는 것은 아니지만, 있으면 편하거나 좋을 것들을 말해요.

　삶에서 없어서는 안 될 꼭 '필요'한 것으로 무엇이 있을까요? 먹어야 살 수 있으니까 쌀, 물, 채소, 고기, 생선, 달걀 등의 '음식'이 필요하고요. 겨울에는 따뜻한 옷, 여름에는 시원한 옷을 입고 다녀야 하니 '옷'도 꼭 필요한 소비일 거예요. 그리고 추위와 더위를 막아 주고 안전하게 머무를 수 있는 '집'도 필요하겠죠?

그렇다면 '욕구'에는 어떤 것이 있을까요? 갖고 싶은 물건, 가령 AI 스피커는 날씨도 알려 주고 음악도 들려줘서 있으면 편하고 좋지만, 꼭 필요한 물건은 아니에요. 장난감도 있으면 재미있고 좋겠지만 삶에 꼭 필요한 건 아니죠.

그런데 이 욕구를 필요와 구별하기란 쉬운 일이 아니에요. '필요하다'고 생각해서 샀는데, 막상 사고 나서 잘 안 쓸 때가 있거든요. 반드시 사야 하는 것이라고 해서 준비했는데, 그것이 없어도 생활하는 데 불편하지 않을 수도 있으니까요. 이어폰이 꼭 필요하다고 생각했는데, 잘 쓰지 않는 경우도 있고요. 이렇게 상황에 따라 다를 수 있는 게 바로 '욕구'예요. 가족들 또는 친구와 연락하기 위해서는 휴대폰이 꼭 필요한 상황이 있을 수 있지만, 최신 휴대폰이 예뻐 보여서, 친구가 사길래 나도 따라 산 거라면 그건 필요보다는 욕구에 가까울 거예요.

욕구와 필요를 구분할 수 있는 좋은 방법은 없을까요?

그것은 바로 시간을 두고 충분히 고민하는 거예요. 고민하는 시간이 짧으면 합리적 소비가 아닌 앞서 말했던 비합리적 소비 중 '충동 소비'를 할 가능성이 커져요. 그래서 인터넷으로 쇼핑하다가 사고 싶은 물건이 있으면 인터넷 쇼핑몰의 '장바구니'에 넣어 두고, 백화점이나 마트에 갔다가 사고 싶은 물건이 생겼을 경우에는 일단 '사고 싶은 물건 리스트'를 적어 놓으세요. 그리고 1주일 이상

기간을 두고 지내 보세요. 1주일 동안 단순히 '갖고 싶다'가 아니라 그것이 없으니 생활이 불편하다면 그것은 정말 필요한 물건일 수 있어요. 하지만 1주일 동안 지내는 데 불편함이 없었다면 그것은 욕구에 가까운 소비일 거예요. 특히, 1주일 지나서 장바구니나 사고 싶은 물건 리스트를 보면서 '이걸 내가 왜 넣어 뒀었지?'라고 생각한다면 그 물건은 필요 없을 확률이 매우 높습니다.

사고 싶은 것과 비슷한 물건을 이미 내가 갖고 있을 수도 있어요. 그래서 소비하기 전에 서랍이나 옷장을 열어 비슷한 물건은 없는지 신중하게 확인하는 습관도 합리적인 소비에 도움이 됩니다.

용돈 기입장을 쓰면 좋은 점

*용돈 기입장은 부록(228p)을 확인하세요.

용돈을 받으면 '용돈 기입장'을 적는 게 좋습니다. 용돈 기입장을 적지 않는다면 아마, 내가 언제 어디에 얼마를 썼는지 잘 기억나지 않을 거예요. 그리고 '왜 용돈이 늘 부족할까? 쓴 것도 별로 없는 것 같은데…'라고 생각할 수도 있어요. 용돈 기입장을 쓰기 시작하면 다음과 같은 장점이 있답니다.

1. 돈을 어디에 썼는지 알 수 있어요.

용돈 기입장을 적으면 생각한 것보다 돈 쓰는 곳이 많다는 사실을 알게 돼요. 그래서 돈이 부족한 이유를 찾을 수 있어요. '아, 내가 장난감에 쓰는 돈이 많구나.'라고 알게 되는 거죠.

2. 불필요한 낭비를 줄일 수 있어요.

어느 항목에 얼마나 돈을 썼는지 알게 되면 이제 그 부분에 관해서 조심할 수 있어요. 장난감을 사려고 하는 순간 '아, 맞다! 장난감은 좀 덜 사기로 했었지?'라고 생각하면서 말이에요.

'원하는 것'에 돈을 쓰고 나면, 정작 '필요한 것'에는 돈을 쓰지 못하는 일이 많아져요. '욕구 소비'를 하지 않는다면, 꼭 '필요'한 곳에 돈을 쓸 수 있을 거예요.

3. 용돈이 부족할 일이 줄어들어요.

용돈 기입장을 쓰면서 내가 가진 돈에 맞춰 돈을 쓰는 습관을 들이면 앞으로 용돈이 부족할 일은 줄어들 거예요.

용돈 기입장
적는 방법

용돈을 받는 족족 다 써 버린 진아, 다음 이야기를 들어 볼까요.

12월 2일: 용돈 20,000원을 받습니다. 남은 돈은 20,000원이고요.

12월 2일: 용돈을 받자마자 크림 떡볶이 세트를 사 먹습니다. 11,000원 써서 9,000원 남아요.

12월 3일: 용돈 20,000원을 받습니다. 남은 돈은 29,000원이고요.

12월 3일: 카페에서 그린티 라테 제일 큰 사이즈를 주문합니다. 진아의 그린티 라테 7,000원, 친구 것도 선물로 사 줘서 7,000원. 총 14,000원 써서 15,000원 남네요.

앞의 내용을 용돈 기입장에 적어 볼까요? 아래 용돈 기입장을 보세요.

용돈은 내용란에 용돈이라고 적고 들어온 돈의 금액을 적어요. 그리고 남은 돈은 남은 금액에 적어요. 크림 떡볶이 세트, 그린티 라떼 등 항목 하나하나를 적으면 번거롭기도 하고 때론 기억이 안 날 수도 있어요. 그래서 간단하게 '간식'이라고 적어요. 그리고 친구에게 사 준 그린티 라떼는 '선물'로 항목을 따로 적어요.

나간 돈에 금액을 적고 남은 금액에는 앞서 적은 남은 금액에서 나간 돈만큼 빼 주면 돼요. 헷갈릴 수도 있으니 천천히 따라와 보세요.

❶ 용돈 받은 후, 들어온 돈에 20,000원 적기
❷ 남은 금액 20,000원 적기
❸ 간식으로 나간 돈 11,000원 적기
❹ 남은 금액(20,000원)에서 나간 돈(11,000원) 빼기(②-③=④)

날짜	내용	들어온 돈	나간 돈	남은 금액
12/2	용돈	① 20,000원		② 20,000원
12/2	간식 O		③ 11,000원	④ 9,000원
12/3	용돈	20,000원		29,000원
12/3	간식 X		7,000원	22,000원
12/3	선물 X		7,000원	15,000원

그리고 여기에서 한 가지 더! 내용을 적으면서 생각하는 시간을 가지는 것도 추천해요. 예를 들어, 크림 떡볶이 세트 같은 경우, 만족감이 컸다고 생각한다면 간식 옆에 O 표시를 하고, 그린티 라테가 별로였고 친구한테 사 준 것도 후회한다면 간식/선물 옆에 X 표시를 하는 거예요.

여기서 퀴즈! '저축'은 들어온 돈으로 적을까요, 나간 돈으로 적을까요?

정답은 '나간 돈으로 적는다'입니다. 내 지갑에 있던 돈을 빼서 저축한 것이기 때문에 지갑에서 나갔다고 이해하면 돼요. 나중에 저축 만기(미리 정한 기간이 다 차는 것)가 되어 저축한 돈을 찾아 지갑에 넣게 되면 그때는 들어온 돈에 '저축(적금) 만기'라고 적으면 된답니다.

처음에는 용돈 기입장을 적는 게 귀찮을 수도 있어요. 하지만 '딱 일주일만 해 보자!'라는 생각으로 도전해 보세요. 이렇게 하면 내가 얼마를 쓰는지 알고, 필요한 곳에 쓴 돈과 원하는 곳에 쓴 돈을 나눠서 생각할 수 있을 거예요. 돈을 쓰는 사용처와 금액을 알게 되면 다음 달부터는 용돈 관리가 더욱 쉬워집니다!

다음은 용돈 관리를 현명하게 할 수 있는 방법입니다.

1. 돈을 계획해서 사용하기

현명한 용돈 관리 첫 번째 단계는 '예산 수립하기'예요. 예산 수립이란, 용돈을 어디에 쓸 것인지 계획하는 거예요. 용돈에서 일부는 소비로 일부는 저축으로, 또 일부는 기부할 수도 있어요. 예를 들어, 용돈 30,000원을 받는다면, 20,000원은 간식비, 10,000원 중 5,000원은 저축, 나머지 5,000원은 기부하겠다고 계획을 세우는 거죠.

예산에 맞게 돈을 쓰는 좋은 방법 하나 더 알려 드릴게요. 달력에 날짜만큼 주머니가 달린 〈용돈 달력〉을 이용하는 거예요. 만약 1주일 용돈이 2,500원이라면 월요일부터 금요일까지 500원씩 쓰겠다고 계획하고 월요일부터 금요일까지 주머니에 각각 500원씩 넣어 두는 거죠. 그리고 하루에 그 500원을 가지고 지출하는 거예요.

2. 소비보다 저축 먼저 하기

현명한 용돈 관리 방법 두 번째 단계는 '저축 먼저 하기'입니다. 돈을 먼저 쓰고 남은 돈으로 저축하려다 보면 이미 돈을 다 써 버려서 저축할 돈이 없거나 매우 적을 확률이 높아요. 그래서 돈을 쓰기 전에 먼저 저축하는 습관이 중요해요. 미리 정한 금액을 저금하고 남은 돈에 맞춰서 소비하는 거죠.

3. 용돈 기입장 적기

현명한 용돈 관리 방법 세 번째 단계는 '용돈 기입장 작성하기'입니다. 용돈 기입장 작성은 100번 강조해도 지나치지 않은 것 같아요. 선생님도 어렸을 때 용돈 기입장을 쓰면서 돈 관리 습관을 키울 수 있었답니다. 선생님이 만난 사람 중에 어릴 때부터 용돈 기입장을 써 온 이들이 커서도 돈 관리를 잘하는 경우가 많았어요. 세계에서 가장 부유했던 사람 중 하나인 석유왕 록펠러 가문은 '용돈 기입장을 써 오지 않으면 용돈을 주지 않는다'라고 하니 용돈 기입장이 얼마나 중요한지 알겠죠.

4. 용돈 결산하기, 고민하기

현명한 용돈 관리 방법 마지막 단계는 '결산하기'예요. 용돈을 얼마나 받았고 썼는지 계산해 보는 거죠. 그리고 '고민하기'도 매우 중요해요. 이게 정말 필요한 소비였는지 고민해 보는 거죠. 그리고 처음 1번, 예산 수립과 얼마나 일치하는지도 확인해 봐야겠죠. 예를 들어, '소비 20,000원, 저축 5,000원, 기부 5,000원'을 예상했는데, '소비 25,000원, 저축 5,000원, 기부 못함' 이렇게 나왔을 수도 있어요. 그럼 왜 이렇게 됐는지 원인을 생각하고, 앞으로 어떻게 해야 하는지 고민해 봐야 합니다.

소비·낭비·투자 상자 만들기

　매일매일 용돈 기입장을 써야 하는 게 너무 귀찮고 싫을 수도 있어요. 글쓰기나 책 읽는 것을 좋아하는 친구가 있고, 그렇지 않은 친구가 있는 것처럼 사람마다 성향이 다르거든요.

　일단 노력해 봤는데 꾸준히 실천하기가 힘들다면 다음 방법을 추천합니다.

　바로 '소비, 낭비, 투자 상자 만들기'인데요. 앞서 선생님이 용돈 기입장을 적을 때 내용 옆에 OX를 표시하라고 말한 것 기억하죠? 용돈 기입장 쓰기가 너무 힘들다면 '돈을 쓴 것에 대해 고민하는 시간'을 활용하는 거예요.

먼저, 작은 상자 세 개를 준비하세요. 빈 우유갑이나 갑 티슈를 재활용할 수도 있어요.

첫 번째 상자에는 '소비', 두 번째 상자에는 '낭비', 세 번째 상자에는 '투자'라고 적으세요. 그다음, 돈을 쓸 때마다 영수증을 잘 챙기세요. 챙겨온 영수증을 '소비'와 '낭비' 두 개의 상자 중 하나에 넣는 거예요. 만약 오늘 목이 말라서 음료수를 사 먹었는데 '이건 꼭 필요한 곳에 돈을 쓴 거야!'라고 생각하면 '소비' 상자에 영수증을 넣으면 되고요. 만약 마트에서 장난감을 샀는데 돈이 아깝다고 생각하면 '낭비' 칸에 넣어 주면 된답니다.

이렇게 고민하는 시간을 가지면 용돈 기입장을 쓸 때처럼 다음에는 여기에는 돈을 쓰지 말아야겠다고 생각할 수 있겠죠?

영수증을 깜박하거나 받지 못한 것은 간단하게 날짜와 물건 이름, 금액을 종이에 적어서 넣는 것도 추천해요. 예를 들어서 '인형 뽑기에 4,000원을 써 버렸네. 아깝다.'라고 생각한다면 종이에

[12/5 인형 뽑기 4,000원]이라고 적고 '낭비' 상자에 종이를 넣는 거죠.

세 번째 상자에 쓰인 '투자'는 무엇일까요? 이것은 바로 여러분 미래의 꿈에 관한 투자랍니다. 만약 '내 꿈은 과학자야. 그래서 과학책 읽는 것을 좋아해.'라고 생각하며 과학책을 샀다면 이건 꿈을 위한 투자이니까 '투자'라고 적힌 칸에 영수증을 넣는 거예요.

지금까지 돈을 잘 못 쓰는 소비 요정, 진아 이야기를 시작으로 합리적으로 소비하는 방법, 용돈을 관리하는 방법과 꿈에 투자하는 방법까지 알아보았어요. 하지만 아는 것만으로 끝나는 건 의미가 없어요. 새로운 것을 알고 그것을 실천할 때 미래의 경제적 독립자가 될 수 있답니다.

1. 무언가를 구매한 것 중 가장 만족스러웠던 경험을 적어 보세요.

> 언제, 어디서, 무엇을, 왜 구매했나요?
>
> 그 경험이 만족스럽다고 생각하는 이유는 무엇인가요?

2. 반대로, 지금까지 구매한 것 중 가장 아쉬웠던 경험을 적어 보세요.

> 언제, 어디서, 무엇을, 왜 구매했나요?
>
> 그 경험이 아쉬웠다고 생각하는 이유는 무엇인가요?

3. 소비 유형 설문 조사: 주변 사람(가족, 친구)의 이름을 쓰고 소비 유형에 O 혹은 X 표시하세요. (본인의 소비 유형도 표시해 보세요.)

	돈을 많이 써요	계획하지 않고 써요	남을 따라서 사요	다른 사람한테 보여 주기 위해서 사요
예) 진아	O	O	X	O

4. 지금 여러분에게 '필요한 것'과 '원하는 것' 리스트를 적어 보세요.

	필요한 것	필요 없지만 갖고 싶은 것
1		
2		
3		

금융 경제 교육 4교시

스스로 용돈 벌기

돈은 어떻게 벌까요?

    돈은 어떻게 벌까요? 돈을 버는 방법은 다양해요. 회사에서 직원으로 일하면서 돈을 벌 수도 있고, 병원에서 의사, 간호사, 임상병리사, 물리치료사로 일하면서 벌 수도 있어요. 은행에서 은행원, 청원경찰로 일할 수도 있고요. 법률회사에서 월급을 받는 변호사로 일하면서 돈을 벌 수도 있습니다. 이처럼 직장에서 일하면서 월급 받는 것을 '근로 소득'이라고 합니다.

    하지만 모두가 회사에 다니면서 월급을 받는 건 아니에요. 가게나 회사를 운영하면서 돈을 벌기도 합니다. 치킨집 사장님이나 음식점 주인, 옷 가게 주인처럼 가게나 회사의 경영자가 사업하며 번 돈은 '사업 소득'이라고 한답니다.

또 자기 재능을 활용해서 돈을 벌기도 해요. 축구를 잘하는 사람은 축구 선수로 활약하면서 돈을 벌고, 만화를 잘 그리는 사람은 웹툰 작가가 되어 돈을 벌기도 해요. 그뿐인가요. 게임을 잘해도 돈을 벌 수 있어요. 프로게이머가 되어 돈을 버는 것이죠. 요즘은 유튜버처럼 유튜브에 콘텐츠를 만들어 올려서 돈을 벌기도 합니다.

이외에 재산을 활용해서 돈을 버는 것도 있어요. 아파트나 사무실 같은 부동산을 다른 사람에게 빌려주고 임대료를 받을 수도 있고, 은행에 돈을 맡기고 이자(돈을 빌려 쓴 대가로 일정 비율로 주는 돈)를 받을 수도 있어요. 또 주식 투자를 해서 배당금(기업에서 이익이 나면 이익금 일부를 주주에게 나눠 주는 돈)을 받거나, 매매 차익(주식을 사고팔 때 생기는 이익)을 거둘 수도 있어요. 이것을 '재산 소득'이라고 한답니다.

어렵게 느껴진다고요? 이 내용은 앞으로 선생님과 차근차근 배워 볼 거니까 걱정하지 마세요.

그렇다면 우리 친구들이 돈을 버는 방법에는 무엇이 있을까요? 엄마, 아빠에게 용돈을 받거나, 아니면 명절 때 친척들에게 세뱃돈을 받을 수 있어요. 이건 다른 곳으로 옮겨가는 소득이라는 뜻으로 '이전 소득'이라고 해요. 용돈이나 세뱃돈은 부모님이나 친척으로부터 우리 친구들에게로 이동한 돈이니까요.

이제 우리에게 익숙한 이전 소득부터 알아볼까요.

용돈은 무엇일까요?

용돈은 아이스크림 사 먹기, 학교 앞 문구사에서 장난감 사기 등 친구들이 자유롭게 쓸 수 있는 돈을 말해요. 이 돈은 우리 친구들이 경제 활동을 경험할 수 있도록 부모님이 주신 돈이에요. 직접 용돈을 써 보는 소비 활동을 통해 주어진 돈을 효율적으로 쓰는 방법을 알아가는 것이죠. 용돈을 잘 쓰는 건 곧 경제 교육을 받는 것과 같아요.

주연 선생님, 돈을 쓰는 게 경제 교육이 된다고요? 돈은 아껴야 하지 않나요?

네, 주연이 말처럼 돈을 아껴 쓰는 것도 중요하지만, 돈을 잘 쓰는 것도 경제 교육이랍니다. 유대인의 경제 교육법에서 그 힌트를 찾을 수 있어요. 유대인은 전 세계 인구의 0.25%밖에 안 되지만, 노벨상 수상자의 3분의 1을 차지하고 있답니다. 그뿐인가요? 세계의 부자 중 약 25%가 유대인이라고 해요. 미국의 유명한 경제지 〈포브스〉의 집계 자료에 따르면, 상위 400위 억만장자 가운데 60명이 유대인이라고 하니 엄청나죠?

유대인이 이렇게 부자가 될 수 있었던 이유는 무엇일까요. 바로 어릴 때부터 경제 교육을 하기 때문입니다. 그리고 그 경제 교육 방법은 바로 '용돈 교육'이랍니다. 그런데 부자들의 자녀들은 용돈을 엄청나게 많이 받을까요? 그렇지 않답니다.

투자의 귀재로 알려진 세계 10대 부자 '워런 버핏'의 자녀들은 어린 시절 매주 용돈을 78센트(현재 가치로 5달러 = 약 7,000원)씩 받았어요. 그리고 어떻게 하면 용돈을 잘 관리할 수 있는지 배웠다고 해요.

역사상 세계 최고 부자로 불리는 석유왕이자 자선사업가인 '존 록펠러'의 자녀들도 어린 시절 최소한의 용돈만 받았어요. 그리고 용돈 기입장을 반드시 써야만 용돈을 받을 수 있었다고 해요. 록펠러 가문은 대대로 용돈 교육이 이어 내려왔어요. 그래서일까요. 현재 7대손까지도 그 부를 유지하고 있습니다.

존 데이비슨 록펠러 (미국의 자본가)

마이크로소프트 창업자인 '빌 게이츠'는 변호사 아버지와 금융 기업 및 비영리 단체 이사인 어머니 밑에서 유복하게 자랐지만, 용돈은 하루에 단돈 24센트만 받았다고 해요. 빌 게이츠의 자녀들도 매주 1달러씩 용돈을 받고 대신 홈 아르바이트를 통해서 스스로 돈을 벌어서 썼답니다.

이처럼 유대인들은 자유롭게 쓸 수 있는 용돈은 최소한으로 받고, 부족한 용돈은 노동을 통해 벌어야 한다는 것을 어릴 때부터 배웠어요. 또 용돈 기입장을 통해 돈 쓴 것을 점검하였어요. 돈을 벌고, 쓰고, 관리하는 경제 활동을 바로 용돈을 통해서 어릴 때부터 자연스럽게 배울 수 있었답니다.

용돈은 그 테두리 안에서 자유롭게 사용할 수 있는 돈이자 경제 교육을 위해서 받는 돈이에요. 용돈을 받으면 그것을 언제, 어떻게 쓸 것인지 스스로 판단해야 해요. 용돈을 바로 쓸 것인지 아니면 나중에 쓸 것인지 고민하고 미래의 소비를 위해 돈을 모아둘 수도 있겠죠.

어떻게 하면 용돈을 잘 쓸 수 있을까요?

여러분에게 들어오는 용돈을 잘 쓰기 위해서는 고민해 봐야 할 사항이 있는데, 바로 다음 세 가지랍니다.

1. 현재 상황은 어떤가요?

첫 번째, 언제 용돈을 받나요?

매일 용돈을 받는지, 주마다 한 번씩 받는지, 아니면 한 달에 한 번씩 받는지 말이죠. 용돈 받는 날이 정해져 있는 게 아니라면 필요할 때마다 용돈을 받는다고 볼 수 있겠군요.

두 번째, 얼마를 받나요?

매일, 매주, 매월, 이렇게 주기적으로 용돈을 받은 친구라면 쉽게 계산할 수 있지만, 필요할 때마다 받는다면 얼마를 받았는지 잘 기억이 안 날 수 있어요. 그래서 주기적으로 용돈을 받는 것을 추천한답니다. 돈 관리의 기본은 돈을 얼마나 벌었고 어디에 어떻게 썼는지 정확히 아는 것이니까요.

세 번째, 어디에 용돈을 쓰나요?

학교 앞 편의점에서 음료수 구입, 버스나 지하철 타고 이동할 때의 교통비 등 쓰임이 다양하겠죠. 용돈을 받아서 학교 준비물을 산 적도 있나요? 세세하게 생각나면 좋겠지만, 기억이 잘 나지 않을 수도 있어요. 그래도 괜찮아요. 용돈을 간식비에 쓰는지, 교통비나 책값에 쓰는지 정도만 기억해도 충분하니까요.

2. 용돈은 언제 받는 게 좋을까요?

아직 용돈을 받지 않은 친구라면 다음처럼 부모님과 같이 이야기해서 용돈을 받는 걸 추천해요.

❶ 초등학교 저학년(1~3학년): 매주
❷ 초등학교 고학년(4~6학년) 이상: 매월

저학년 친구들은 가진 돈에 맞춰 소비하는 습관을 기를 수 있도록 매주 같은 금액의 용돈을 받는 것이 좋습니다. '매주 용돈을 받으니까 적은 돈으로는 원하는 것을 살 수 없어요!'라고 생각하는 친구가 있다면, 용돈을 모아서 사고 싶은 것을 살 수 있어요.

고학년 친구들은 매주 용돈을 받거나 틈틈이 받는 용돈으로 소비를 하는 데 익숙해졌을 거예요. 그렇다면 이제는 매월 용돈을 받아서 쓰는 방법으로 바꿔서 돈 관리법을 익혀 보세요.

"선생님, 전 고학년인데 아직 용돈을 받은 적이 없어요." 하는 친구는 우선 처음에는 매주 용돈을 받다가 익숙해졌을 때 매월 용돈 받는 것을 추천해요.

"선생님, 전 이미 한 달씩 용돈을 받고 있는데요." 하는 친구가 있다면 앞으로 선생님과 함께 용돈을 더 잘 관리하는 방법을 알아보도록 해요.

3. 용돈을 얼마나 받으면 좋을까요?

"전 한 달에 5천 원이면 충분해요!"라는 친구도 있을 것이고, 또 "한 달에 만 원이면 충분해요."라는 친구도 있을 거예요. 반면에 "어떻게 한 달에 만 원으로 살아요. 3만 원은 있어야 해요."라고 하는 친구도 있겠죠. 돈을 어디에 어떻게 쓰는지는 개인마다 차이가 나니까요.

참고로 선생님이 경제 교육을 하면서 만났던 초등학생 5학년 친구들에게 "우리 친구들은 '이 정도면 간식비로 쓸 수 있다!'라고 생각하는 최소한의 용돈은 얼마인가요?"라고 묻고 손을 들게 했어요. 일주일에 천 원, 2천 원, 5천 원, 만 원, 2만 원, 그 이상까지 여섯 가지 항목 중 가장 손을 많이 든 금액은 일주일에 5천 원이었어요.

그래도 용돈이 너무 부족하다고요? 그러면 홈 아르바이트를 통해서 용돈을 더 벌 수 있겠죠? 다음 페이지에서 우리 친구들이 할 수 있는 홈 아르바이트에 관해 자세히 말해 줄게요.

홈 아르바이트를 해요

다음은 이탈리아의 교육자인 몬테소리가 제안한 연령별 집안일 목록입니다.

만 2~3세 식탁 정리를 돕고 정리하기

만 4~5세 식물에 물을 주고 반려동물 먹이 주기

만 6~7세 정원의 잡초 정리, 더러운 양말 치우기

만 8~9세 커피 끓이기, 레모네이드와 같은 주스 만들기, 청소하기

만 10~11세 요리, 우편물 수령

만 12세 이상 세차, 간단한 식사 준비, 동생 돌보기

앞의 내용을 바탕으로 우리 친구들에게 추천하는 연령별 홈 아르바이트는 다음과 같아요.

취학 전 4~7세 책꽂이 정리, 빨래 개기(양말 짝 맞추기), 화분에 물 주기, 신발 정리

초등 1~4학년 부모님 구두닦기, 분리수거, 쓰레기 버리기

초등 5학년 이상 실내화 직접 빨기, 설거지하기, 동생 공부 가르쳐 주기, 식사 준비, 요리 돕기

여기서 잠깐, 아르바이트라고 할 수 없는 것은 무엇일까요?

양치하기, 내 방 치우기, 공부하기 등은 아르바이트라고 할 수 없어요. 여러분이 당연히 해야 하는 것이고, 그렇기 때문에 이것을 했다고 용돈을 요구할 수는 없어요.

"세상에 공짜는 없다."라는 말 자주 들어 봤죠? 당연한 건 아무 것도 없습니다. 부모님께 정기적으로 용돈을 받는 것은 결코 당연한 게 아니에요. 정기적인 용돈이 아닌 홈 아르바이트를 통해서만 용돈을 받는 방법도 있답니다.

홈 아르바이트를 통해서 추가로 용돈을 받기로 하였나요? 그럼, 이제 해야 할 것은 바로 용돈 계약서 작성! 어른들이 직장에서 일할 때 반드시 작성하는 서류가 〈근로 계약서〉이듯이 우리 친구들도 부모님과 함께 〈용돈 계약서〉를 작성할 수 있어요. 뒷장의 '용돈 계약서'를 본 친구들의 생각을 들어 볼까요?

성열 선생님, 추가 용돈은 왜 최대 3만 원까지인 거예요? 전 많으면 많을수록 좋을 것 같은데요.

민준 음, 금액이 정해져 있지 않다면 용돈을 통해서 경제 교육을 배우는 게 의미가 없을 것 같기도 해요.

주연 용돈을 주시는 건 부모님이시잖아요. 그래서 부모님도 예산이 필요하신 것 아닐까요? 우리 용돈 말고도 돈 나갈 때가 많잖아요.

맞아요. 부모님이 직장에서 일하고 받는 월급은 금액이 정해져 있어요. 그 돈에서 우리가 먹는 식비, 집과 관련해 받은 대출 이자, 사고가 생겼을 때를 위해 가입한 보험료, 인터넷 요금, 아파트 관리비 같은 주택 관리비, 학원비, 책값, 옷값, 명절이면 할머니, 할아버지께 드리는 용돈 등 지출(나가는 돈)이 다양하게 많아요.

부모님마다 받는 월급이 다르고 쓰는 곳도 달라요. 각자 상황에 따라 차이가 있으니까요. 그래서 용돈을 아예 받지 않거나, 용돈이 적다고 섭섭해할 이유는 없어요. 부모님은 여러분을 돌보면서 이미 큰 비용을 지출하고 계시니까요.

용돈 계약서

1. 용돈 받는 날은 매월 1일로 정합니다.

2. 용돈 금액은 20,000원으로 정합니다.

3. 용돈 15,000원은 소비, 3,000원은 저축, 2,000원은 기부합니다.

4. 책값과 학용품 및 준비물은 부모님이 부담합니다.

5. 홈 아르바이트를 통해서 추가로 용돈을 얻을 수 있습니다.

   - 신발 정리 및 구두닦기 500원
   - 쓰레기 분리수거 500원
   - 설거지 500원
   - 동생 공부 가르쳐 주기 1,000원
   - 식사 준비하기 2,000원

단, 추가 용돈은 월 최대 30,000원까지만 받을 수 있습니다.

20××년 ○○월 ○○일

용돈 계약자 내 이름 (서명)

용돈 계약자 부모님 부모님 이름 (서명)

*〈용돈 계약서〉는 부록 229p에서 확인하세요.

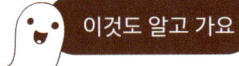 이것도 알고 가요

유대인의 성인식

유대인 청소년은 만 13세가 되면 '바르 미쯔바(Bar Mitzvah)'라는 성인식을 해요. 이때, 세 가지 선물을 받습니다.

1. 성경책
2. 시계
3. 축하금

성경책은 신 앞에 부끄럽지 않게 살라는 뜻이래요. 시계는 시간 약속을 잘 지키고 시간을 소중히 쓰라는 뜻이고요. 마지막 축하금은 돈을 잘 관리하라는 교훈이 있다고 합니다. 그러면 부모님과 하객들로부터 받는 돈은 얼마일까요? 보통 5~6만 달러로, 우리나라 돈으로 치면 약 5천만 원에서 7천만 원 정도의 목돈을 받는다고 해요. 그 돈은 통장에 넣어 두고 부모님과 상의하여 저축이나 투자를 통해 돈을 불리는데, 성인이 되면 약 1억 원 정도의 돈이 된다고 해요. 이 돈은 경제적으로 독립할 때 종잣돈(미래에 큰 투자나 구매를 위해 일정 기간 모으는 돈)으로 쓰인다고 합니다.

우리 친구들도 명절이 되면 친척들에게 받는 세뱃돈 등을 부모님과 함께 상의하여 잘 불려 보는 건 어떨까요?

1. 현재 용돈 상황 파악하기

언제 받나요?(일/주/월)	얼마를 받나요?	어디에 쓰나요?

2. 앞으로 용돈을 받는다면, 용돈 계획 세우기

용돈을 받으면 어디에 쓸 건가요?
(학용품, 간식, 준비물 등 살 것이 많아요. 용돈으로 살 것을 고민해서 적어 보세요.)

용돈은 언제 받을 건가요?

용돈으로 얼마를 받고 싶은가요?

3. 홈 아르바이트 하기 (91쪽 〈용돈 계약서〉 5번을 참고해서 여러분이 할 수 있는 홈 아르바이트와 그에 적정한 용돈을 적어 보세요.)

홈 아르바이트 활동 내역	용돈 금액

금융 경제 교육 5교시

공공의 이익을 위해 쓰이는 세금

세금을 내는 이유

구수한 된장찌개 냄새가 성열이의 집안을 가득 채웠어요.

 엄마 성열아, 일어나야지! 일어나서 밥 먹어.

 성열 엄마! 저 무서운 꿈꿨어요. 사람들이 남의 물건을 아무렇지 않게 빼앗고 마을 곳곳에는 불이 활활 타오르는데 강도를 잡는 경찰도 불을 끄는 소방관도 없었어요. 밤인데 가로등이 없어서 앞이 잘 보이지도 않고, 그러다 펑! 주변에 폭탄이 떨어졌어요! 아무래도 꿈에서 전쟁이 난 것 같았어요. 나라를 지켜 주는 군인도 안 보이고, 너무 무서웠어요.

 엄마 우리 성열이가 악몽을 꿨나 보네.

🧑 아빠 그런데 세금이 없다면 우리 사회는 성열이가 꿨던 꿈처럼 변할지도 몰라.

👦 성열 세금이요?

🧑 아빠 그래. 나라에서는 국민에게 법에 따라 일정한 돈을 걷는데, 이것을 '세금'이라고 해. 어머니, 식사하세요. 시장하실 텐데 진지 드세요. 참, 오늘이 검정고시 발표날이죠?

👵 할머니 그래. 붙어야 할 텐데 말이다. 내가 학교를 못 나온 게 한이야, 한. 죽기 전에 그 한을 풀고 죽어야지 원. 이 할미 어렸을 때는 차도 없고, 도로도 없고 주변이 온통 논밭이었어. 그래서 학교까지 2시간을 걸어 다녔지. 2시간 걸어 다녀도 공부하는 게 참 좋았는데, 중학교는 가정 형편이 어려워서 못 갔단다.

👩 엄마 지금은 초등학교부터 고등학교까지 국민 누구나 무상으로 다닐 수 있어. 학교를 운영하려면 돈이 필요한데 어떻게 무상으로 다닐 수 있을까? 바로 세금 덕분이지.

👦 성열 그럼, 도서관에서 책을 공짜로 빌려 올 수 있는 것도 세금 덕분인가요?

🧑 아빠 그렇단다. 도서관에서 책도 무료로 빌리고 학습실에서 공부도 할 수 있고.

👩 엄마 도서관에서 무료 글쓰기 교실에도 참가하고, 영화나 연극도 본 적 있지? 그것도 바로 세금 덕분이란다.

 그게 다 오래전부터 어른들이 성실하게 세금을 냈기 때문에 그것으로 도서관과 청소년 센터도 짓고 나라도 발전하고, 세금 덕분에 많은 혜택을 받고 살고 있는 거지.

성열 우와! 나도 커서 세금을 잘 내는 멋진 어른이 될래요!

우리 가족이 살아가려면 '돈'은 필수예요. 음식과 옷도 사야 하고, 학원에 가려면 학원비를 내야죠. 그래서 우리 집 살림살이에는 '돈'이 필요해요. 나라도 마찬가지입니다. 한 나라의 살림을 꾸리려면 '돈'이 필요해요. 이 돈은 국민이 나라에 내는 돈, 바로 '세금'이죠. 즉, 세금은 나라 살림과 국민의 생활 발전을 위해 국민이 번 돈의 일부를 나라에 내는 돈입니다. 미국 건국의 아버지 벤자민 프

랭클린이 "누구도 피할 수 없는 것은 죽음과 세금뿐이다."라는 명언을 남겼을 만큼 세금은 정말로 꼭 필요한 돈이랍니다.

만약 세금이 없다면 어떻게 될까요? 세금이 없다면 도서관이 없어서 책을 빌릴 수도 없고요. 학교가 없어서 배움의 기회도 줄어들겠죠. 불이 나거나 위급한 상황에서 도움을 받을 수도 없어요. 도로가 없어서 차가 다닐 수도 없을 테고 말이죠. 그뿐인가요? 군인을 양성할 수 없으니 나라를 지키는 군대도 없겠죠. 그래서 이웃 나라가 침략해 오면 큰 위험에 빠질지도 몰라요. 세금은 이렇게 중요한 역할을 한답니다.

경찰, 소방관은 우리의 안전을 위해서 일하시는 분들인데요. 이렇게 정부 또는 정부 관련 기관에서 일하는 사람을 공무원이라고 해요. 공무원의 월급이 바로 세금에서 나온답니다.

세금은 공공의 이익을 위해서 쓰입니다. 도로나 지하철 같은 공공시설, 우리가 책을 읽을 수 있는 도서관, 다양한 강좌를 들을 수 있는 문화센터를 지을 때도 쓰인답니다. 또 혼자 힘으로 살기 어려운 사회 취약 계층을 돕는 데 쓰이기도 해요. 국가가 세금을 걷고 국민에게 도움을 줄 수 있도록 세금을 유용하게 쓰는 거예요.

이를 위해 세법에 따라서 국민이라면 누구나 세금을 내야 하는 '납세의 의무'가 있다는 것을 꼭 알아두세요.

세금의 종류

🧒 **성열** 세금은 국민 중에서 누가 내나요? 세금 내는 사람이 정해져 있어요?

👨 **아빠** 국민이라면 당연히 세금을 내야 해. 성열이 너도 세금을 낸단다.

🧒 **성열** 네? 제가요? 전 아직 어른이 아닌데요?

여러분은 세금을 낸 적이 있을까요? 정답은 '있다'입니다. 하지만 세금을 직접 낸 기억이 없다고요? 여러분이 매장에서 물건을 살 때 세금을 낸다는 사실! 그 세금이 바로 '부가가치세'입니다.

물건을 사고서 영수증을 본 적이 있나요? 영수증을 살펴보면 부가가치세(부가세)라고 적혀 있는 것을 확인할 수 있어요. 물건 가격이 1,100원이라면 1,000원은 물건 가격, 가격의 10%인 100원은 부가가치세랍니다.

라면순한컵	1	1,100
총 구 매 액	1	1,100
과세물품가액		1,000
부 가 세		100
*결 제 금 액		1,100

부가가치세는 물건을 살 때 내야 하는 세금이지만, 물건값에 세금이 포함되어 소비자 대신 판매자가 대신 세금을 낸답니다. 이처럼 세금을 내야 할 의무가 있는 사람과 세금을 신고하는 사람이 다른 것을 '간접세'라고 해요. 우리는 세금을 직접 내고 있지는 않지만, 간접적으로 세금을 내는 거죠.

이 간접세에는 물건을 사고팔 때 내는 세금인 부가가치세 말고도 값비싼 보석과 승용차를 살 때 내는 '개별 소비세', 술값에 포함된 '주세', 재산의 권리를 증명하는 문서에 부과하는 '인지세', 증권을 사고팔 때 내는 세금인 '증권거래세'가 있습니다.

그렇다면 세금을 내야 하는 사람이 직접 국가에 내는 세금은

'직접세'라고 하겠죠. 직접세에는 소득에 대해 세금을 내는 '소득세'가 있어요. 회사도 사람처럼 세금을 내는데요. 주식회사 같은 법인회사의 소득에 대해 내는 세금을 '법인세'라고 해요.

부모님이나 친척 등에게 큰돈을 받게 되면 '증여세'라는 돈도 낸답니다. 돌아가신 분께 재산을 물려받았다면 그때는 '상속세'라는 것도 내야 하고요. 그리고 일정 금액 이상의 토지와 주택이 있는 사람은 '종합부동산세'라는 것도 낸답니다.

'보통세'는 일반적인 지출을 충당하기 위한 세금을 말해요. 보통세에는 앞서 설명한 직접세와 간접세가 있어요.

일반적인 지출을 위한 보통세가 아닌, 특별한 목적을 위해 내는 세금도 있어요. 바로 '목적세'인데요. 교육 발전을 위한 세금인 '교육세', 농어촌 발전을 위한 '농어촌 특별세', 교통 시설을 건설하고 환경 보전을 위한 '교통·에너지·환경세'가 있어요.

앞에서 설명했던 보통세(직접세, 간접세), 목적세(교육세, 농어촌 특별세, 교통·에너지·환경세)가 중앙정부가 국민에게 부과하는 세금인 '국세'입니다. 국가 전체의 살림을 살기 위해 필요한 돈이라는 뜻이죠.

특별시나 광역시, 도·시·군과 같이 국가 영토의 일부를 구역으로 한 '지방자치단체'에서 쓸 돈을 충당하기 위해 부과하는 '지방세'도 있어요. 지방세 중에서도 '도세'는 지역 살림을 위해 일반적으로 내는 보통세의 종류로, 부동산이나 자동차 등 자산을 취득할 때 내는 '취득세', 면허를 받는 사람이 내야 하는 '등록면허세', 가장 빨리 달릴 것으로 예상하는 말이나 자전거에 돈을 걸어 내기하는 경마 또는 경륜 등에 부과하는 '레저세'가 있습니다.

국세로 낸 부가가치세의 일부는 지방세로 전환되는데, 이를 '지방소비세'라고 해요. 지방세에도 목적세가 있어요. 지방 교육에 필요한 돈을 위해 내는 '지방교육세', 지역 발전에 필요한 재원을 확보하기 위해 내는 '지역자원시설세'도 있답니다.

시·군세도 있어요. 담배를 사는 사람들이 내야 하는 '담배소비세', 집이나 토지 등의 재산을 가진 사람들이 내는 '재산세', 자동차의 소유자가 내는 '자동차세', 특별시, 광역시, 시·군·구에 사는 주민이 내야 하는 '주민세', 그리고 그 주민이 소득이 있다면 소득액에 따라 '지방소득세'도 내야 한답니다.

세금 종류가 엄청나게 많죠? 걱정하지 마세요. '함께해 봐요' 활동으로 정리하면 훨씬 간단하게 느껴질 거예요.

세금을 내기 싫어하는 사람들

거실에서 뉴스를 보시던 할머니께서 혀를 끌끌 차며 이야기하셨어요.

🧓 **할머니** 쯧쯧쯧. 저 도둑놈들 좀 봐라!

🧒 **성열** 할머니, 저 사람은 왜 도둑이에요?

🧓 **할머니** 내야 할 세금을 내지 않았으니 훔친 거나 다름없지. 세금 도둑질.

👨 **아빠** 세금을 내지 않거나 적게 내려고 하는 것을 '탈세'라고 한단다. 탈세는 엄연히 법을 어기는 거야.

👩 **엄마** 저런 사람들 때문에 나라가 망할 수도 있어.

세금을 내야 하는 사람이 세금의 전부 또는 일부를 내지 않는 것을 '탈세'라고 합니다. 법을 어기며 내야 할 세금을 줄이거나 아예 안 내는 건 성실하게 세금을 내는 사람들에게 피해를 주는 행동이에요. 국세청은 상습적으로 세금을 내지 않는 탈세자의 재산을 찾아내 세금을 내게 하고 있어요.

간혹 열심히 일해서 번 돈을 국가가 세금으로 가져가 버려서 억울하다고 생각할 수도 있어요. 그래서 세금 납부에 불만이 있는 사람들도 있고 심하면 탈세자도 생기는 거죠. 하지만 세금은 어떤 경우에 내야 하는지, 내야 할 세금은 얼마나 되는지 법률로 정해져 있고, 결국 그 돈이 국민에게 돌아온다고 보면 돼요. 세금은 생활 곳곳에서 국민 모두가 누릴 수 있는 각종 편의 시설과 다양한 혜택을 위해 쓰이고 있답니다.

현금 영수증 하시겠어요?

현금으로 거래하고 신고하지 않으면 소득을 파악하고 그에 따라 세금을 매기기가 쉽지 않아요. 그래서 정부에서 탈세를 방지하기 위해 도입한 제도가 바로 '현금 영수증'입니다. 가게에서 물건을 사고 지폐나 동전으로 낼 때 직원이 "현금 영수증 하시겠어요?"라고 묻는 것을 들어 봤을 거예요.

현금 영수증 제도는 현금으로 물건 또는 서비스를 구매했다는 사실을 현금 영수증을 발급하여 증명할 수 있도록 법으로 정해 놓은 것을 말해요. 이 제도는 가게 주인의 현금 거래 금액을 정확히 파악할 수 있도록 하여 소득에 맞는 정당한 세금을 낼 수 있게 한답니다. 또, 이를 통해 우리가 물건을 사고 국가에 내는 '부가가치세'에 관한 탈세도 방지할 수 있어요.

미성년자도 현금 영수증 카드나 휴대 전화번호로 현금 영수증을 발급해 준답니다. 참고로 학생 여러분은 부모님과 상의하여 아빠나 엄마의 전화번호로 현금 영수증을 신청할 수 있어요

이 현금 영수증을 발급받는 사람에게도 혜택이 있어요. 부모님이 회사에 다니고 계신다면 매년 1월에 '연말 정산'이란 걸 해요. 예를 들어, 2022년 1월부터 12월까지 사용 금액을 다음 해인 2023년 1월에 연말 정산을 하는 것이죠.

1월부터 12월까지 정확히 얼마를 벌고 쓸지 모르므로 월급에서 일정 금액을 소득세 등으로 내게 되는데요. 연말 정산이란 다음 해에 1년간 월급에서 미리 낸 소득세에서 실제 소득에서 넘거나 모자라는 금액을 계산하는 것이에요. 1년간 사용한 현금 영수증과 신용카드 사용 금액을 합쳐서 일정 금액이 넘으면 매달 월급을 받으면서 냈던 소득세 일부를 돌려받을 수 있어요.

또, 현금 영수증을 발급해 준 가게에도 현금 영수증이나 신용카드 등으로 발급한 총금액 중 일부분에 대해서 부가가치세 일부를 빼주는 혜택을 줍니다.

그래서 현금 영수증 제도는 물건을 사는 직장인과 물건을 파는 가게 주인 모두에게 혜택이 돌아감과 동시에, 정확한 소득을 파악하여 세금을 부과할 수 있기에 국가에도 큰 도움이 되는 제도예요.

> **이것도 알고 가요**

세전과 세후

> 민준 엄마 안녕하세요. 예금 1년 만기가 돼서 왔어요. 그때 금리가 2%였죠?
>
> 민준 원금 100,000원에 이자 2,000원! 102,000원 주세요.
>
> 은행원 네, 만기 해지되었습니다. 원금 100,000원에 이자 1,692원입니다.
>
> 민준 어, 308원이 부족한데요.
>
> 민준 엄마 민준아, 2,000원은 세전 이자이고 우리가 실제 받는 건 세후 이자야.
>
> 민준 세전? 세후 이자요?

우리가 받는 이자에도 세금을 내는데 '세전'이란 세금을 내기 전의 금액이라는 뜻입니다. '세후'는 세금을 낸 후의 금액이고요.

이자는 이자 소득으로 이자 소득세를 내야 합니다. 이자는 2,000원이지만 이자에서 15.4% 이자 소득세를 내면 세금으로 308원을 제외하고 실제 받는 이자는 1,692원 정도가 되는 거죠.

회사에서 일하고 받는 돈은 어떨까요? 한 달에 받는 돈은 월급, 일 년 동안에 받는 돈의 총액은 '연봉'이라고 해요. 연봉이 3,600만 원인 사람은 12개월을 나누어 한 달 월급으로 300만 원씩 받는 걸까요?

정답은 X입니다. 수입(번 돈)과 실제 내 손에 쥐어지는 돈인 순수입은 달라요. 왜냐하면, 총수입에서 소득세, 주민세, 건강보험료, 국민연금 등을 제외하고 받거든요.

2022년 기준 연봉 3,600만 원에서
1. 국민연금(4.5%) -135,000원
2. 건강보험료(3.495%) -104,850원
3. 요양보험(건강보험의 12.27%) -12,860원
4. 고용보험(0.9%) -27,000원
5. 근로소득세 -84,850원
6. 지방소득세(근로소득세의 10%) -8,480원

1~6의 세금을 제외하면, 년 예상 실제 받는 금액(순수입)은 31,523,520원이에요. 이것을 12개월로 나누면 한 달에 실제 받는 월급은 300만 원이 아닌 약 263만 원입니다.

1. 설명에 적힌 상황 또는 목적과 관련 있는 세금을 '초성'과 '보기'를 참조하여 적어 보세요.

보기 법인세 / 증권거래세 / 증여세 / 교육세 / 종합부동산세
부가가치세 / 소득세 / 직접세 / 간접세 / 농어촌특별세

국세 중앙 정부가 국가 전체의 살림살이에 필요한 비용을 마련하기 위해 부과·징수하는 세금

- 국세
  - 내국세
    - 보통세
      - 세금 내는 사람이 직접 내는 세금
        - ㅈㅈㅅ
          - ㅅㄷㅅ — 소득이 생겼다면
          - ㅂㅇㅅ — 법인회사의 소득이 생겼다면
          - ㅈㅇㅅ — 부모님 또는 친척에게 큰돈을 받으면
          - 상속세 — 돌아가신 분께 큰돈을 받으면
          - ㅈㅎㅂㄷㅅㅅ — 일정 금액 이상의 토지와 주택 보유
      - 세금 낼 의무가 있는 사람과 신고하는 사람이 다른 세금
        - ㄱㅈㅅ
          - ㅂㄱㄱㅊㅅ — 물건을 사고팔 때 포함
          - 개별소비세 — 보석과 승용차를 살 때 포함
          - 주세 — 술값에 포함
          - 인지세 — 권리 증명 문서에 부과
          - ㅈㄱㄱㄹㅅ — 증권을 사고팔 때
  - 관세
  - 목적세
    - ㄱㅇㅅ — 교육 발전을 위해
    - ㄴㅇㅊㅌㅂㅅ — 농어촌 발전을 위해
    - 교통·에너지·환경세 — 교통 시설을 건설하고 환경 보전을 위해

> **보기**
> 지방소비세 / 지방교육세 / 취득세 / 재산세
> 자동차세 / 등록면허세 / 주민세

지방세 지방자치단체의 재정 수요를 충당하기 위해 부과·징수하는 세금

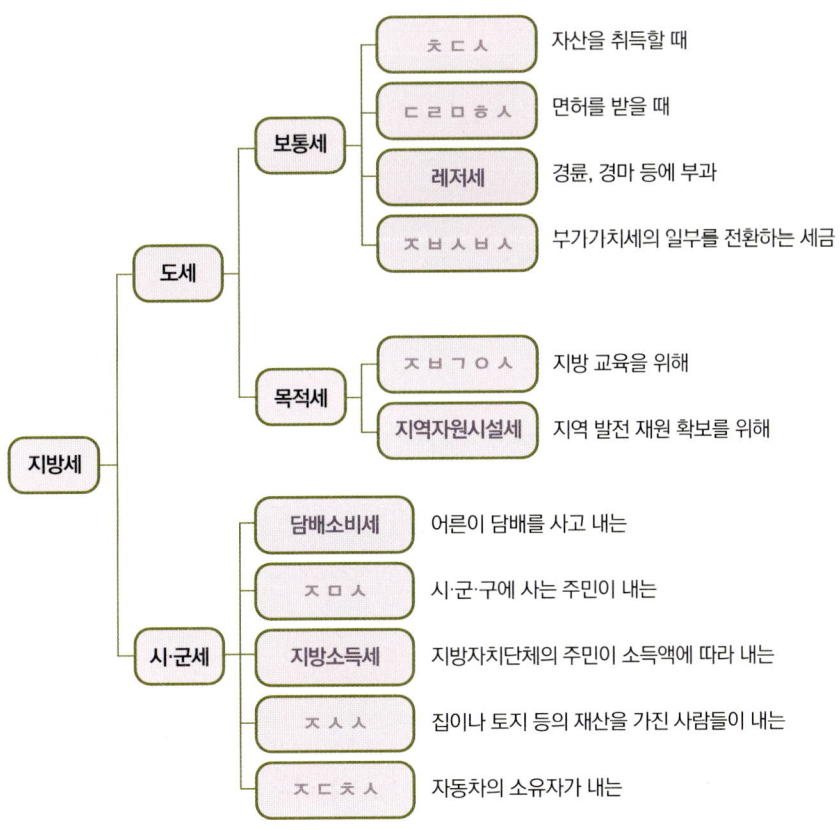

*정답은 부록 230p를 확인하세요.

금융 경제 교육 6교시

4차 산업 혁명과 미래의 직업

나의 꿈과
나의 미래

생계를 유지하기 위해서는 자기 적성과 능력에 따라 일정 기간 계속 일할 수 있는 '직업'이 중요해요. 이런 소득 활동은 내가 좋아하고 잘하는 일을 찾아서 오래 하는 것이 좋죠.

우리 친구들이 좋아하는 건 뭔가요? 게임을 좋아한다면 프로게이머가 될 수도 있고요. 피아노 연주를 좋아한다면 피아니스트가 될 수도 있겠죠.

잘하는 것은 무엇인가요? 잘하는 게 없는 것 같다고요? 아니에요. 사람마다 다 다르긴 하지만 분명히 잘하는 것이 있을 거예요. 학교 공부와 관련된 게 아니어도 괜찮아요. 만들기를 잘하거나 그림을 잘 그리는 친구도 있을 거고, 계산을 빠르게 잘하거나 말을 재미있게 하는 친구도 있을 거예요. 친구들의 이야기를 잘 들어주고 이해심이 깊은 친구도 있을 수 있고요. 아니면 개그맨처럼 사람들을 잘 웃길 수도 있죠. 이렇게 보니 여러분도 잘하는 게 있죠?

내가 좋아하는 것과 잘하는 것을 깨닫고 원하는 일을 하기 위해서는 어떤 능력이 필요하고 어떤 준비를 해야 하는지 생각해 봐야 해요. 또, 내가 하는 일이 누구에게 도움을 주는지도 생각해 봐야 합니다. 자 그렇다면, 우리의 미래를 한번 상상해 볼까요?

1. 여러분은 어떤 일을 하고 있을까요?

예를 들어, 미래에 은행원이 된 자신의 모습을 상상해 보세요. 그렇다면 은행에서 고객과 함께 이야기하면서 통장을 만들어 주고 대출을 상담하고, 금융 상품을 판매하는 일을 할 수 있을 거예요.

2. 직업에 필요한 능력이나 실력은 어떤 것이 있을까요?

고객에게 금융에 관련한 여러 가지 제도를 설명하기 위해서는 금융 지식을 잘 알고 있어야겠죠. 이런 금융 지식을 배우기 위해서는 관련 학과에 가서 공부하거나 금융 관련 자격증을 따는 것도 한 방법입니다. 그리고 밝은 표정과 상냥한 말투 등 고객에게 도움이 되겠다는 서비스 정신이 필요합니다.

3. 누구에게 어떤 도움을 줄 수 있을까요?

차곡차곡 돈을 모아 목돈을 만들고 싶어 하는 고객을 도와 적금을 들게 할 수도 있고, 금융 상품을 궁금해하는 고객에게 친절하게 설명해 줄 수도 있어요.

다음으로 직업을 선택할 때는 이 일을 하면 즐거울지, 안정적인지, 수익은 어떨지 등의 조건을 꼭 따져 봐야 해요.

1. 안정성

어느 날 갑자기 내일부터 회사에 나오지 말라고 한다거나 직장이 갑자기 사라져 버린다면 무척 당혹스럽겠죠. 세상에는 새로운 직업이 생기기도 하지만 많은 직업이 없어지기도 해요. 이전에는 굴뚝 청소부가 있었지만, 굴뚝이 없어진 지금은 더 이상 굴뚝 청소부를 찾아보기 힘든 것처럼요. 직업을 잃는 것을 '실직'이라고 하는데, 실직이 자주 반복돼면 안정적인 삶을 살기가 어려워져요. 반면에 안정성이 높은 직업은 실직할 확률이 낮고 계속 일할 수 있답니다.

2. 수익성

돈을 얼마나 버는지도 중요한 문제예요. 어떤 직업은 돈을 많이 벌지만, 어떤 직업은 그렇지 않을 수도 있어요. 내가 꿈꾸는 직업이 얼마를 버는지 궁금하다고요? 그렇다면 워크넷 홈페이지(https://www.work.go.kr)에 들어가 직업 정보를 찾아보세요. 그러면 해당 직업의 평균 연봉을 알 수 있어요. '연봉'은 1년 동안 받을 수 있는 돈이에요. 연봉을 12로 나누면 한 달에 받을 수 있는 월급을 대략 알 수 있겠죠?

3. 즐거움

한 달 월급이 500만 원인 직업이지만, 내가 좋아하는 일도 아니고 잘하는 일도 아니라면 얼마 안 가서 그만둘 수도 있을 거예요. 하지만 월급은 200만 원이어도 내가 좋아하고 잘하는 일이라면 어떨까요? 아마도 오래 할 수 있을 거예요. 월급이 많은 것도 좋지만, 오래오래 즐기면서 일하는 것도 중요하답니다.

꿈은 그대로 두면 꿈으로만 남아 있지만, 목표를 세우는 순간 실현 가능성이 커져요. 상상만으로도 행복한 여러분의 꿈, 그 꿈을 위해서 앞으로 무엇을 해야 할까요? 과학자가 꿈인 친구라면 다음과 같이 목표를 세울 수 있을 거예요.

나이	12살	13살	16살	20살	25살	30살	65살
목표	방과 후 코딩 수업	로봇 수업 듣기	대회 수상	공대 이공계로 진학	유학 가기	자격증/학위 취득	노벨 과학상

12살에는 방과 후 수업으로 코딩을 배울 수 있어요. 1년 뒤에는 로봇 과학에 관한 수업을 듣는 거예요. 와우! 계속 열심히 하다 보니 16살에는 대회에 나갈 실력이 되었어요. 그리고 상도 받는 거죠. 과학자가 꿈이니까 이공계 분야로 대학 진학을 했어요. 그리고 해외에서 더 넓은 지식을 쌓기 위해 유학을 갑니다. 이후 대학원 석사, 박사까지 밟아서 학위도 취득하고요. 그리고 관련 지식을 쌓고 연구를 거듭하다가 65세 때 우리나라 최초로 노벨 과학상을 타는 거예요! 우와! 상상만으로도 너무 멋지지 않나요?

이렇게 계획해 보니 꿈에 한 발자국 더 다가간 것 같죠? 혹시 우리 친구들 중에 '스포츠 경기 심판'이 꿈인 친구들이 있나요? 미래에는 로봇이 심판 역할을 대신할 수도 있어요. 비디오 판독 기술로 사람보다 훨씬 정확하게 심판할 수 있으니까요. 이처럼 미래에는 여러분이 꿈꾸는 직업이 로봇이나 새로운 기술 등으로 대체될 수도 있어요. 그렇지만 꿈꿀 수 있는 직업이 사라진다고 속상해하지 마세요. 이렇게 새로운 기술이 생기면 또 그와 관련한 직업이 탄생할 것이기 때문이에요. 지금 시대의 사람들이 상상하지 못하는 직업들도 나타날 거예요. 그래서 자신이 세운 꿈을 이루려면 그 분야의 변화와 발전에 계속 관심을 두고 살펴봐야 한답니다.

시대별 인기 직업

시대별로 인기 직업이 다르다는 점, 알고 있나요? 다음은 1950년대부터 2000년대까지의 시대별 인기 직업이에요.

1950년대	1960년대	1970년대	1980년대	1990년대	2000년대
군 장교	택시 운전사	건설 기술자	금융인	프로그래머	공인회계사
권투 선수	자동차 엔지니어	무역업 종사자	반도체 엔지니어	벤처기업가	국제회의 전문가
타이피스트	다방 DJ	대기업 직원	야구선수	웹마스터	커플매니저
서커스 단원	가발 기술자	항공기 승무원	탤런트	펀드매니저	프로게이머
전화 교환원	버스 안내양	전당포 업자	카피라이터	외환딜러	생명공학 연구원

[출처. 김병숙 교수 서적 〈한국직업발달사〉, 이종구 교수 논문 〈한국직업변천사〉]

어때요? 지금은 볼 수 없는 생소한 직업이 많이 보이죠?

컴퓨터를 쓰기 이전에 타자기typewriter라는 문서를 작성하는 도구가 있었어요. 1950년대의 '타이피스트'는 타자기의 글자를 치며 문서를 작성하는 인기 있는 직업이었죠. 1990년 중반 컴퓨터의 등장으로 이 직업은 사라지게 되었는데, 현재의 '속기사'가 이와 비슷한 역할을 한다고 보면 돼요.

지금처럼 숫자 버튼을 눌러서 전화하는 것이 아니라 손가락으로 숫자를 돌려서 전화하던 때가 있었어요. 이때는 중간에 '전화 교환원'이 해당 번호로 연결을 해 주었답니다. 하지만 통신 기술이 발달하면서 전화 교환원이라는 직업 역시 없어졌어요.

자동차가 없던 때는 이동 수단으로 인력거가 있었어요. 인력거꾼이 수레에 사람을 태우고 이동했지요. 그리고 자동차를 이용하기 시작하면서, '택시 운전사'가 인기를 끌었답니다.

'버스 안내양'은 누구냐고요? 지금은 버스를 탈 때 교통카드를 찍고 타요. 그리고 다음 정거장이 어디인지 스피커나 전광판을 통해 확인하고 벨을 눌러서 내리죠. 하지만 옛날에는 그런 시스템이 없었어요. 그래서 버스 안내양이 버스 요금을 받고 승객에게 다음에 내릴 곳을 안내하고 출입문을 여닫는 역할도 했죠. 버스 출발 전에는 "오라이~"라고 외치고 (오라이는 "All right!"에서 유래한 말로, 차가 앞으로 또는 뒤로 안전하게 움직일 수 있는 공간이 있다는 것을 알려

주는 말이에요.) "다음 정류장은 XXX입니다."라고 안내를 했답니다.

'카피라이터'는 광고에서 쓰일 글이나 문장을 만드는 직업인데 요즘도 광고업계 등에서 중요한 역할을 하죠.

1990년대와 2000년대에 프로그래머와 프로게이머가 나오는데요. '프로그래머'는 컴퓨터 프로그램을 만드는 사람이고, '프로게이머'는 게임 플레이를 직업으로 하는 사람이에요. 온라인 게임 대회에 참가해서 상금을 받아 돈을 버는 거예요. 즉, 게임 프로그램을 만드는 사람은 게임 프로그래머, 만들어진 게임으로 게임 플레이를 직업으로 하는 사람은 프로게이머입니다.

그렇다면 현재는 어떤 직업이 있을까요?

게임 이야기를 만들고 디자인하는 '비디오게임 디자이너', 3D 모델 캐릭터 골격을 만드는 '3D 모델러', 최첨단 과학 전문 지식을 활용해 범죄 증거를 찾아내는 '범죄과학 수사관' 등 예전에는 없던 직업들이 많이 있습니다.

이렇게 직업이 다양하게 변화하는 이유는 무엇일까요? 바로 세상이 끊임없이 변하고 있기 때문이에요. 세상이 어떻게 변해 왔는지 우리나라의 변화 과정부터 세계의 변화까지 차근차근 알아보도록 해요.

대한민국의 성장과 변화

우리 친구들은 할머니, 할아버지 혹은 부모님의 어린 시절 이야기를 들어 본 적이 있나요? 1950~1960년대는 여러분에게 까마득한 과거로만 보일 거예요. 이 시대는 여러분의 할머니, 할아버지의 어린 시절을 상상하면 돼요. 일반적으로 1970년대 후반에서 1980년대는 여러분 부모님이 태어나 어린 시절을 보낸 시기이고, 1990년대는 부모님이 여러분처럼 열심히 공부하던 풋풋한 학창 시절이에요. 그 후로 세월이 흘러 현재는 짜잔! 드디어 여러분이 주인공인 시대네요.

다음 연도별 우리나라의 경제 성장 과정을 읽어 보고 부모님과 할머니, 할아버지께 "그땐 어땠나요?" 하며 묻는 시간을 꼭 가져보세요.

- 1950년대: 6·25 전쟁 이후 한국인들은 폐허가 된 건물들을 복구하고 경제적 자립을 위해 큰 노력을 기울였어요.
- 1960년대: 고속도로와 항만 등의 시설을 건설하여 경제 기반을 마련했어요. 인력이 풍부했던 우리나라는 신발이나 가발처럼 노동력이 필요한 경공업 제품을 만들어 수출하며 성장해 나갔어요.
- 1970년대: 정부는 중화학 공업 발전을 위해서 학교와 연구소를 세우고 기업이 각종 산업에 참여할 수 있도록 돈을 빌려주기도 했어요. 이때 철강, 자동차, 석유 화학 그리고 배를 만들고 판매하는 조선업이 성장했답니다.
- 1980년대: 자동차와 기계, 전자 산업이 발전했어요. 이후로 경공업보다 중화학 공업의 비중이 높아졌고 수출액도 빠르게 증가했답니다.
- 1990년대: 컴퓨터를 개발하고 생산하면서 반도체 산업과 정보 통신 산업이 발달했어요.
- 2000년대: 로봇, 우주 항공 등 첨단 산업이 주목 받고 있어요.

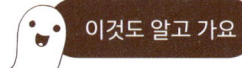 이것도 알고 가요

포모 사피엔스가 뭐예요?

- **1984년** 1G. 전화만 되는 휴대폰이 나왔어요. 이때의 휴대폰은 벽돌만큼 컸어요. 안테나도 있었고요.
- **1996년** 2G. 이제 전화에 문자도 가능한 휴대폰이 나왔어요.
- **2002년** 3G. 전화+문자에 동영상도 볼 수 있는 휴대폰이 나왔어요. 이때의 동영상은 많이 느리고 접속도 자주 끊겨서 불편했어요.
- **2011년** 4G. 전화+문자+동영상. 이제 동영상을 실시간으로 볼 수 있을 정도로 속도가 빨라졌어요.
- **2019년** 5G. 전화+문자+동영상. 이제는 초고속 시대입니다!

포모 사피엔스는 패트릭 맥기니스라는 작가가 만들어 낸 용어입니다. 많은 사람들이 스마트폰으로 엄청난 양의 정보를 얻고 있잖아요. 그런데 '혹시 내가 놓치는 정보가 있을까? 그래서 뒤떨어지는 게 아닐까?' 하는 두려움을 느끼는 사람들이 있는데, 이들을 포모 사피엔스라고 한답니다. 이때의 포모(FOMO)는 Fear of Missing Out의 앞 글자를 딴 거고요, '인간'을 뜻하는 호모 사피엔스의 사피엔스를 가져와 포모 사피엔스라는 말이 만들어졌답니다.

세계의 성장과 변화, 산업 혁명

세계 경제는 1800년대부터 발전해 왔다는 사실, 알고 계셨나요? 산업 혁명 이전에는 경제 성장이 크지 않았어요. 하지만 산업 혁명이 일어나 사람이 직접 물건을 만들던 수공업 작업장이 기계 설비로 공장화되면서 생산량이 늘었답니다. 이로부터 자본주의 경제가 자리 잡기 시작했고요. 그렇다면 산업 혁명은 어떻게 변화했을까요?

1. 1차 산업 혁명: 기계화

1차 산업 혁명의 시기는 1784년, 영국에서 증기 기관이 발명되었던 때예요. 증기 기관과 수력을 이용한 기계적 생산 설비가 시작된 시기로, 석탄을 태워 가열된 물, 즉 수증기의 압력(증기)의 힘으로 기계가 움직였고 이때 석탄을 넣어 움직이는 증기 기관차가 나왔죠. 또, 면직물을 짜는 기계인 방적기도 발명되었답니다. 증기 기관으로 방적기를 돌려 실을 뽑고 방직기로는 천을 만들었어요. 기계화되기 이전에는 물레로 실을 뽑고, 베틀로 천을 만들었었는데 말이죠.

2. 2차 산업 혁명: 대량 생산화

1차 산업 혁명 시기를 지나 석유를 태워 생긴 연소 가스로 피스톤 등의 기계를 움직이게 하는 내연 기관이 등장합니다. 이전에는 석탄을 사용했다면 이제는 동력으로 석유를 활용하게 된 거예요. 전기가 널리 보급되면서 공장의 자동화를 이뤘고 이어서 대량 생산과 노동의 분업이 이루어졌어요. 약 1870년부터를 2차 산업 혁명의 시작 시기라고 봅니다. 이전에 사람들이 기차를 많이 이용했다면 이 시기가 되면서는 자동차를 타기 시작했고, 전기를 이용한 영화, 라디오, 축음기 등도 발명됐어요.

3. 3차 산업 혁명: 정보화

3차 산업 혁명이라는 단어는 제레미 리프킨이라는 경제학자가 집필한 '3차 산업 혁명 The Third Industrial Revolution'이라는 책에 처음으로 등장한답니다. 3차 산업 혁명은 1969년, 컴퓨터를 활용한 정보화가 이끄는 시대를 말합니다. 그 이후에 컴퓨터뿐만 아니라 인터넷의 보급으로 전 세계가 연결되었죠.

4. 4차 산업 혁명: 정보 통신 기술의 융합

지금 우리는 어떤 시대에 살고 있을까요? 바로 4차 산업 혁명이에요. 4차 산업 혁명이란 말은 2016년 다보스 세계 경제 포럼에서 처음으로 나왔어요. 인공 지능, 사물 인터넷, 빅데이터 등 첨단 정보 통신 기술이 경제, 사회 전반에 융합되어 혁신적인 변화가 나타나는 차세대 산업 혁명을 말해요. 이 4차 산업 혁명에 대해 다음 페이지에서 더 자세히 알아보도록 해요.

스페인 마타로 미술관의 증강 현실 체험

4차 산업 혁명의 기술

4차 산업 혁명의 대표적인 기술로는 인공 지능, 빅데이터, 사물 인터넷 등이 있어요.

1. 인공 지능 AI: Artificial Intelligence

'인공 지능', 들어는 봤지만 정확히 모르겠다고요? 쉽게 말해서 '생각하는 컴퓨터'를 뜻해요. 인공 지능은 이미 우리 삶의 많은 부분에 적용되고 있어요. 이전에는 서비스에 관한 문의를 하면 사람이 안내했는데, 이제는 메신저 챗봇이라고 해서 궁금증을 채팅창에 적으면 AI가 상세히 안내해 준답니다.

　인공 지능이 대중에 많이 알려지게 된 계기는 2016년 바둑 세계 챔피언인 이세돌 기사와 구글 딥마인드 인공 지능인 '알파고'와의 바둑 대결이었어요. 바둑 한 알을 두는데 경우의 수가 12만 9,960가지가 넘는데, 알파고는 경우의 수를 생각하면서 바둑을 두는 거죠. 알파고는 4:1로 이세돌 기사를 이겼어요. 알파고는 인공 신경망을 통하여 100만 번 이상 연습하는데 겨우 4주밖에 걸리지 않았대요. 만약 사람이 100만 번 이상 연습을 한다면 밥도 먹어야 하고 해서 익히는 시간이 수십, 수백 년이 걸릴지도 몰라요.

　알파고 이후에 업그레이드된 알파고 제로가 나왔어요. 알파고 제로에게는 바둑 규칙만 알려 주고 72시간을 독학하게 했답니다.

이 알파고와 알파고 제로가 대결하게 됐는데 결과는 어땠을까요? 알파고 제로가 무려 100전 100승이었다는 사실!

이처럼 인공 지능은 인공적으로 만들어진 지능으로, 새로운 정보를 받아들이면 사람처럼 배우고 깨닫고 판단할 수 있는 능력이 생겨요. 그리고 사람의 언어를 이해하고 사람과 의사소통도 가능하다고 하니, 미래에는 AI와 친구가 되는 날도 올 수 있지 않을까요?

2. 빅데이터 Big Data

'빅데이터'란 정보의 큰 바다를 말합니다. 우리가 SNS를 하다가 보면 이전에 검색해 봤던 옷이나 화장품 등이 광고로 뜬 경험이 있을 거예요. 바로 빅데이터를 활용한 마케팅이랍니다.

우리가 인터넷 검색, 문자 주고받기, 사진과 영상 보기, 우리 위치를 분석하고 SNS를 하는 것 등이 모두 디지털 흔적으로 남게 되는데요. 이를 수치 정보로 빅데이터화하면 디지털 정보가 되는 것이죠. 그래서 미래에는 길을 걸으면 내가 관심 있고 흥미를 느끼는 상품들이 맞춤형으로 전광판에 광고로 보일 수도 있어요.

이 빅데이터는 활용도가 무궁무진해요. 빅데이터는 엄청난 양의 정보를 수집, 저장하여 매우 빠른 속도로 생산, 분석 처리를 합니다. 이런 빅데이터는 기업의 마케팅뿐만 아니라 날씨와 관련한 방

대한 데이터로 날씨 예측 시스템으로도 활용할 수 있어요. 이 외에, 교통 체증을 줄이기 위한 교통량 예측 시스템으로도 활용할 수 있고요, 환자의 생활 습관이나 좋아하는 음식, 진료비와 치료 정보 등을 통해서 새로운 약을 개발할 수도 있을 거예요.

3. 사물 인터넷 IoT: Internet of Things

'사물 인터넷'은 모든 사물을 연결하는 인터넷을 말해요. 사물에 센서가 부착되어 인터넷으로 자료나 정보를 실시간 주고받는 기술이나 환경을 의미하죠.

만화에서 물건들이 마법에 걸려 스스로 움직이고 말도 하던 모습을 본 적이 있나요? 이런 마법 같은 일이 현실로 일어났어요! IoT가 도입된 기계는 사람의 개입 없이 사물과 사물이 서로 알아서 정보를 주고받으며 소통할 수 있어요. 그리고 필요한 상황에 따라 정보를 해석하고 스스로 작동해요.

우리 생활 속에서 IoT를 찾아볼까요? 버스 정류장에서 버스를 기다리면서 전광판을 본 적이 있을 거예요. 곧 도착할 버스는 몇 번인지, 내가 탈 버스는 몇 분 후에 도착하는지, 다음 버스가 언제 오는지 알 수 있어요. 버스에 부착된 센서에서 위치 정보를 받고 이걸 통제소에 발송하면 통제소에서 전광판으로 데이터를 보내는 거죠.

그리고 TV를 켜 놓고 외출했을 때 혹은 추운 날 귀가 전에 집을 따뜻하게 데우고 싶을 때 스마트폰 앱을 이용해서 원격으로 TV를 끄고, 보일러를 켤 수 있어요. 밤이 되면 자동으로 커튼이 쳐지고 아침이 되면 자동으로 커튼이 열리게 할 수도 있어요. 이 모두가 IoT 기술로 가능하답니다. 집안의 가전제품을 비롯해 수도, 전기, 보일러 등 다양한 물건을 정보 통신으로 연결해서 휴대전화나 AI로 작동할 수 있는 시스템을 '스마트홈'이라고 합니다.

사물 인터넷, AI, 빅데이터 외에도 4차 혁명 기술로 3D 프린팅, 로봇, 드론, 가상 현실이라 불리는 메타버스 등이 있어요. 기존 산업은 이런 신기술과 융합하여 계속 발전하고 있습니다.

이런 기술들은 따로 쓰이는 게 아니라 서로 융합해 쓰입니다. 예를 들어, 자동차와 빅데이터, 모바일, 사물 인터넷 기술을 융합한 '자율 주행 자동차'가 있어요. 자율 주행 자동차는 외부의 다양한 정보를 수집하고 최적의 경로를 판단해서 속도와 방향을 조절하며 스스로 주행할 수 있어요. 그렇다면 이런 첨단 정보 통신 기술을 도시에 이용한다면? 바로 '스마트 도시'가 되는 거죠! 이 스마트 도시에서는 실시간으로 교통정보를 활용해서 교통을 원활하게 할 거고요, 이에 따라 이동 시간도 줄어들 거예요. 또 자율 주행 셔틀버스를 타거나 전기 공유차를 이용할 수도 있죠. 이렇게 되면 소음 수준과 공기 오염도를 분석하여 환경 오염을 해결할 수 있을 거예요.

'스마트 팩토리'도 있어요. 공장 내 설비와 기계에 사물 인터넷을 설치하고 작업 과정에 관한 데이터를 실시간으로 수집, 이를 분석하여 스스로 관리하는 공장이에요.

'스마트팜'은 어떨까요? 온도, 습도, 이산화탄소, 토양에 대한 정확한 데이터를 바탕으로 농작물, 수산물을 스마트폰으로 원격 자동 관리할 수 있어요. 물도 자동으로 뿌려 주고 말이죠. 이렇게 꼼꼼한 관리와 예측을 통해 더 좋은 품질, 더 많은 수확량으로 수익성도 올릴 수 있겠죠. 물건을 사는 소비자 입장에서는 농산물, 축산물, 수산물의 상세한 생산 정보 이력도 알 수 있으니 믿음직스럽겠죠?

미래의 모습과 새로운 직업

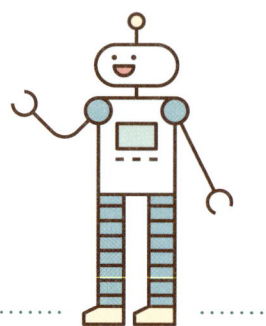

　미래의 모습은 지금과는 완전히 다른, 상상을 초월한 것일 수도 있어요. 예를 들어, 최첨단 소재를 활용한 옷이 나올 수도 있어요. 아이언맨처럼 하늘을 나는 옷이나 아무리 걸어도 다리가 아프지 않은 신발 같은 것 말이죠.

　사람의 일을 로봇이 할 수도 있어요. 옷 가게 로봇이 고객의 취향과 체형을 분석하여 잘 어울리는 옷을 골라주고, 홀로그램을 통해 가상으로 옷을 착용한 모습을 볼 수도 있을 거예요.

　그뿐인가요? 도서관에는 책을 순서에 맞게 진열해 주는 로봇이, 꽃집에는 IoT를 이용하여 사람 없이도 최적의 환경에서 꽃이 자랄 수 있게 하고 꽃 주문은 무인자동주문 기계에서 할 수도 있죠. 약국에서 약 조제도 약사 대신 로봇이 할 수도 있어요.

　앞서 말한 것 중 일부는 미래의 상상이 아니라 이미 현실에서 활용되고 있어요. 식당에서는 로봇이 음식을 서빙하고 닭을 튀기고요, 카페에서는 커피를 만드는 로봇도 등장했거든요.

　심지어 인공 지능이 책을 쓰고 기사를 쓰고, 작곡도 한답니다. 한국고용정보원 자료에 따르면 의사, 회계사, 판사 등이 인공 지능으로 대체될 확률이 높은 직업이라고 해요. 영국 옥스퍼드 대학의 칼 프레이, 마이클 오스본 교수는 "향후 20년 이내에 직업의 47%를 컴퓨터나 로봇에게 빼앗길 위험이 있다."라고 말했어요.

주연 선생님, 그럼 미래에는 우리가 할 수 있는 일이 거의 없어질까요?

민준 앗! 안 돼! 백수가 되긴 싫어!

그렇게 걱정하지 않아도 돼요. 사라지는 직업도 많겠지만 새로운 직업도 분명 생겨날 거예요. 앞에서 소개한 로봇이나 프로그램을 개발하는 것은 결국 사람, 미래의 여러분이 할 일이죠. 그리고 그것을 운영, 관리하는 것도 사람이 할 수 있어요.

이런 기계나 기술이 대체할 수 없는 사람 고유의 능력은 무엇일까요? 바로 따뜻한 감성, 마음, 공감 능력, 그리고 창의성이랍니다.

그렇다면 우리는 어떻게 미래에 대비해야 할까요? 새로운 산업 환경 변화에 대응하는 힘과 더불어 앞서 말한 따뜻한 감성, 공감 능력, 창의성을 키우는 것이 중요하겠죠. 앞으로 4차 산업 혁명 시대에 최강 대한민국을 만들 수 있는 건 바로 우리 친구들이에요!

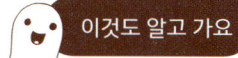 이것도 알고 가요

금융과 관련된 직업은 무엇이 있을까요?

은행 관련 직업

1. 은행원
고객들이 저축하고(예금) 저축한 돈을 현금으로 찾을 때(출금) 그리고 돈을 다른 사람에게 보낼 때(송금) 도움을 줍니다. 이 외에 다양한 금융 상품을 안내하기도 해요.

2. PB(Private Banker)
고객의 자산 관리를 도와줍니다. 고객의 성향을 파악해서 투자 방향을 제안하고 세금이나 상속 같은 다양한 금융 서비스를 제공해 줍니다.

3. 외환 딜러
환율은 시시각각 변해요. 이렇게 변화하는 환율 정보를 분석하여 외국 돈을 사고팔면서 돈을 버는 직업이에요.

투자 관련 직업

1. 애널리스트
금융 시장의 다양한 정보를 수집, 분석해서 고객에게 투자 의견을 제공하는 직업이에요.

2. 펀드매니저
펀드매니저는 자산운용 전문가로서 투자자가 맡긴 돈으로 주식, 채권 등 다양한 투자 상품에 투자해요. 효율적인 투자 계획을 세워서 투자 수익을 올릴 수 있도록 정보를 제공하고 고객이 맡긴 돈을 직접 운용하는 일을 해요.

3. 기업 금융 전문가(IB: Investment Banker)
기업은 은행에서 돈을 빌리는 것(대출) 외에도 주식이나 채권으로 필요한 자금을 마련하기도 해요. 이때 주식이나 채권의 발행을 도와주는 기업 금융 업무 관련 전문가가 있답니다.

보험 관련 직업

1. 보험 설계사
보험 상품을 소개, 안내하고 판매하는 직업이에요. 보험 모집인, FC, FP 등 여러 이름으로 불려요.

2. 손해 사정사
사고가 났을 때 누가 얼마나 잘못했는지 확인 후 사고의 원인과 피해 금액을 정하는 일을 해요. 사고에 대해 보험금을 얼마나 줄지 분석, 결정하는 직업입니다.

3. 보험 계리사
보험회사의 위험을 분석, 평가하여 보험 상품을 개발하고 보험료가 적정한지 계산하는 일을 합니다.

금융 관련 직업은 경영학과 회계학, 법학과 수학, 금융 등을 전공하면 근무할 때 도움이 돼요.

1. 20년 뒤 여러분이 어떤 일을 하고 있을지 상상해 보세요.

멋지게 일하는 미래의 내 모습 그리기	하는 일
	필요한 능력
	도움 줄 사람

2. 자기가 희망하는 직업 조건을 점수로 매겨 보세요.

안정성	1점	2점	3점	4점	5점	6점	7점	8점	9점	10점
수익성	1점	2점	3점	4점	5점	6점	7점	8점	9점	10점
즐거움	1점	2점	3점	4점	5점	6점	7점	8점	9점	10점

안정성 _____ 점

수익성 _____ 점

즐거움 _____ 점

3. 꿈을 위해 앞으로 자신이 해야 할 일은 무엇일까요?

4. 4차 산업 혁명 기술과 만나 새로 생겨날 직업은 어떤 것이 있을까 상상해 보세요.

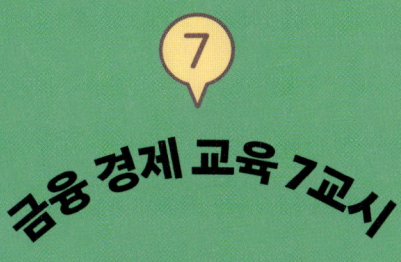

창업과 기업가 정신

금융 경제 교육 7교시

스타트업과 벤처 기업

부자는 어떻게 해서 부자가 되었을까요? 복권에 당첨돼서? 건물주가 되어서? 일론 머스크, 빌 게이츠, 제프 베이조스의 이름을 들어 봤을 거예요. 세계에서 유명한 부자들이죠. 이들이 부자가 된 비결은 회사를 만들고 그것을 세계적인 기업으로 키운 거예요.

'스타트업'이라는 말을 들어 본 적이 있나요? 스타트업이란 영어 단어 그대로 스타트Start 즉, 사업을 시작한 지 얼마 안 되어 돈이 부족한 상태이지만, 뛰어난 아이디어나 기술로 성장 가능성이 매우 큰 기업을 말해요. 현재 세계 50대 기업 순위에 드는 애플, 아마존, 디즈니 등의 유명한 기업들도 처음에는 네다섯 명의 청년들이 가정집의 작은 차고에서 시작했답니다.

스타트업과 짝꿍처럼 자주 나오는 게 벤처예요. 이 '벤처'는 무엇일까요? 벤처는 15세기 말 동방 무역에서 찾아볼 수 있어요. 당시 인도의 향신료, 중국의 비단이 인기가 많았는데, 포르투갈과 에스파냐에서는 위험을 무릅쓰고 향신료와 비단을 구하기 위해서 직접 항해를 떠나는 기업이 생겼어요. 항해 중 거센 파도를 만나 배가 난파되기도 하고 목적지가 아닌 엉뚱한 곳에 도착하기도 했죠. 즉, 실패하면 많은 돈을 잃었지만 성공하면 막대한 돈을 벌 수 있었습니다.

이처럼 위험성이 매우 높지만 성공하면 높은 이익을 거둘 수 있는 것이 바로 벤처 기업의 시작이었답니다. 벤처 기업은 고도의 전문 기술과 새로운 기술로 창조적이고 모험적으로 경영하는 기업을 말하는데, 벤처venture라는 단어 자체가 '모험'의 뜻이거든요.

스타트업과 벤처 기업은 비슷해 보이지만, 벤처 기업은 정부 인증을 받아야 한다는 점이 달라요. 즉, 벤처 기업 관련 법에 따라 다양한 조건을 충족시켜야 하고 기술 평가도 받아야 하는 등 그 과정이 매우 까다롭고 복잡합니다. 정리하면, 스타트업 기업들이 여러 과정을 거치고 조건을 충족시켜야 진정한 벤처 기업이 될 수 있는 거죠.

기업은 무엇일까요?

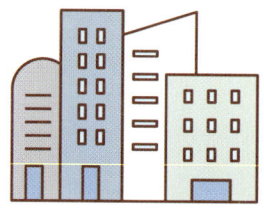

　우리나라 부자들은 어떻게 해서 부자가 되었을까요? 우리나라 부자들이 돈을 버는 방법에는 부모님께 돈을 물려받거나 부동산 투자, 금융 투자도 있지만 1위는 바로 사업 소득(2010, 2021 기준)이에요. 회사를 운영하거나 가게를 차려서 돈을 버는 거죠. 그렇다면 친구들이 알고 있는 기업을 말해 볼까요?

- 주연 　글쎄요, 잘 모르겠어요. 아! 우리 아빠가 다니는 회사요!
- 성열 　전 게임을 좋아해서 게임 회사 이름은 많이 알아요.
- 민준 　치킨집 이런 것도 돼요? KFC, 교촌치킨, 땅땅치킨, BBQ…?

맞아요. 우리 친구들이 잘 답해 주었어요. 우리 주변에는 수많은 기업, 즉 회사가 많이 있어요. 학교 갈 때 메는 가방부터 가방 속 연필, 지우개, 책, 거리에서 볼 수 있는 수많은 가게와 그곳의 물건들, 편의점의 간식, 마트에서 파는 식료품, 햄버거 가게, 커피숍, 치킨집, 집에 있는 냉장고, TV, 공기청정기, 세탁기, 홈쇼핑에서 파는 물건들, 이 모든 게 기업과 연관되어 있어요. 학용품을 만드는 회사와 편의점 역시 기업이고요. 대형 할인점도 기업, 여러분이 좋아하는 과자를 만드는 곳도 기업이죠. 이렇게 기업은 우리 삶과 밀접하게 함께하고 있습니다.

재화와 서비스

앞에서 우리는 기업이 무엇인지 배웠어요. 우리가 직접 만지고 먹을 수 있는 물건(재화)을 생산하는 곳도 기업, TV나 라디오에서 우리를 즐겁게 해 주는 가수나 배우가 속한 연예기획사도 기업, 다양한 물건을 배송 서비스해 주는 택배(유통) 업체도 기업입니다.

이런 기업은 왜 생기는 걸까요? 바로 이익을 얻기 위해서예요. 물건이나 서비스를 만들고 사람들에게 판매해서 돈을 버는 거죠. 사람들이 원하는 옷을 만드는 일, 새로운 드라마 콘텐츠를 만드는 일, 새로운 전자 제품을 만드는 일, 금융 회사에서 금융 상품을 만드는 것 모두 이익, 돈을 벌기 위해서입니다.

그렇다면 '재화'와 '서비스'는 무엇이고, 또 어떻게 구분하는지 함께 알아봐요.

'재화'는 사람들이 생활하면서 필요한 옷, 연필, 책처럼 만질 수 있는 물건을 의미해요. 휴대폰, TV, 옷, 신발, 책 등 우리가 백화점이나 시장, 인터넷 쇼핑 등을 통해 구매할 수 있는 물건이죠.

그러면 '서비스(용역)'는 무엇일까요? 만질 수 없고 눈에 보이지는 않지만, 사람들에게 편리함과 만족감을 주는 상품이 바로 서비스(용역)죠. 미용실에서 머리카락을 자르거나 병원에서 진료받는 것 등이 이 서비스에 속합니다.

친구들이 좋아하는 치킨은 어떨까요? 주문해서 맛있게 먹을 수 있는 치킨은 '재화', 집까지 배달해 주는 것은 '서비스(용역)'로 구분할 수 있답니다.

세계를 놀라게 한 유명한 기업가

　여러분은 책이나 TV 등을 통해 여러 기업가를 만나 봤을 거예요. 그중에서 인상 깊은 기업가는 누구인가요? 세계적으로 큰 영향을 끼친 유명한 기업인 몇 사람을 소개할게요.

1. 스티브 잡스

　1955년 2월 24일 미국 캘리포니아주 샌프란시스코에서 태어난 스티브 잡스는 아기 때 양부모에게 입양됐어요. 대학교 1학년 때 학교를 그만두고 20대 초 부모님의 차고에서 창업했는데, 그것이 바로 우리가 잘 아는 '애플 컴퓨터'입니다. 1984년에는 매킨토시

컴퓨터를 선보이고 큰 성공을 거둡니다. 하지만 얼마 후, 매킨토시는 사용이 불편하다는 이유로 판매가 줄고, 새로 등장한 IBM PC에 밀려납니다. 결국, 스티브 잡스는 본인이 창업한 회사에서 쫓겨나게 되었죠. 이후 루커스 영화사 컴퓨터 그래픽스 사업 부문을 인수(물건이나 권리를 건네받는 것)하고 '픽사$_{Pixar}$'라는 이름으로 새로 출발합니다. 그사이 애플 컴퓨터는 경영 악화로 힘들어졌는데, 스티브 잡스가 복귀하고서 회사의 매출을 크게 올리게 돼요. 그가 애플 CEO로 복귀한 2년 동안 애플의 자본은 20억 달러에서 160억 달러로 증가하죠. 이후 픽사는 우리가 잘 알고 있는 '토이 스토리'를 제작하여 성공했답니다. 그리고 아이팟이라는 휴대용 음원 비디오 재생기기를 개발했고, 아이폰, 태블릿 컴퓨터인 아이패드도 출시하여 사용자들의 열광적인 반응을 이끌어 냈어요. 스티브 잡스는 단순히 사업가를 넘어 세상을 바꾸는 사람이었어요!

일은 당신의 삶에서 큰 부분을 차지할 겁니다. 삶에서 만족을 느끼기 위해선 당신이 위대하다고 생각하는 일을 해야 하죠. 위대한 일을 할 방법은 당신이 하는 그 일을 사랑하는 겁니다.

2. 월트 디즈니

미키 마우스의 아버지라고 불리는 월트 디즈니는 1901년 미국 시카고에서 태어났어요. 시골에서 어린 시절을 보낸 디즈니는 그림 그리기를 좋아했지요. 아버지가 도시에서 신문 판매업을 시작했을 때, 디즈니  는 신문 배달을 도왔어요. 성인이 되어 디즈니는 애니메이션을 제작하는 스튜디오를 창업하고, 우리가 잘 아는 〈백설공주와 일곱 난쟁이〉, 〈피노키오〉, 〈밤비〉 등의 작품을 만들어 내게 됩니다. 꿈과 희망을 담고 있는 환상의 세계로 어린이들을 이끌어 주었죠. 여기에서 그치지 않고 텔레비전 프로그램, 실사영화, 테마공원, 음악, 책, 캐릭터 상품 등 세계적인 멀티미디어 기업으로 성장시켰답니다.

호기심이 있다면 수많은 흥미로운 일들을 발견할 수 있어요.

3. 유일한

독립운동가, 교육자, 사회사업가이자 모범적인 기업가였던 유일한 박사를 소개합니다. 평양에서 재봉틀 가게를 운영하던 유일한 박사의 아버지는 미국 감리회에서 조선인 유학생을 선발한다는 말을 듣고 1904년 9살이던 장남 유일한을 미국으로 유학 보냅니다. 미국에서 공부하는 동안 스스로 학비를 벌어야 할 만큼 가난한 유학생이었어요. 대학 졸업 후에는 숙주나물 통조림을 팔아 청년 사업가로 성공했습니다. 하지만 출장길에서 약을 구하지 못해 죽어가는 동포를 보며 한국으로 돌아와 제약회사인 유한양행을 세웠답니다. 당시 우리나라는 대부분의 약을 수입해서 써야 할 정도로 의료 환경이 좋지 않았는데, 약품 개발의 중요성을 느낀 유일한은 저렴한 가격으로 좋은 품질의 약을 만들었어요. 그중 하나가 가정의 필수 약품이었던 '안티푸라민'입니다. 그리고 일제강점기 시절,

미국으로 다시 건너가 독립운동을 하였습니다. 이후 한국으로 돌아온 유일한은 회사를 주식회사로 바꿔 주식을 사원들에게 나눠 주었어요. 제약회사로는 최초로 주식을 상장해 기업을 투명하게 경영했을 뿐 아니라 세금도 잘 납부해서 산업 훈장까지 받았답니다. 납세의 의무를 성실히 해야 세금으로 운영되는 국가가 부강해질 수 있다고 했어요. 이후 학교법인 유한재단을 세워 회사의 이익을 사회에 돌려주기도 했습니다. 경영에서 물러나면서 자식이 아닌 전문 경영인에게 회사 운영을 맡겼고, 유언에 따라 유일한 박사의 전 재산은 사회에 환원됐답니다.

사람은 죽으면서 돈을 남기고 또 명성을 남기기도 합니다. 그러나 가장 값진 것은 사회를 위해서 남기는 그 무엇입니다.

이런 기업가들에게는 남들과 다른 기업가 정신이 있었습니다. 기업가 정신은 기업의 이익을 추구하면서도 사회적 책임을 수행하기 위해 기업가가 갖춰야 할 자세나 정신을 이르는데요. 이는 또한 위험을 무릅쓰고 새로운 기회에 도전하는 정신을 말해요. 그렇다면 기업가 정신은 혁신적인 사고 능력을 바탕으로 도전하는 정신이 아닐까요? 이런 기업가 정신은 기업이 놓인 상황이나 시대에 따라 변합니다. 미래 사회의 기업가 정신은 꼭 기업을 운영하지 않더라도 각자가 기업가라고 생각하고 스스로 발전하는 것이에요. 친구들이 생각하는 기업가 정신은 무엇인가요? 여러분이 기업가라면 어떤 명언을 남길 건가요?

세계적인 기업가들의 이야기를 읽고 '나도 사업을 해서 훌륭한 기업을 일궈내고 싶어'라고 생각한 친구들이 있나요? 그렇다면 다음 장에서 어떻게 하면 사업 계획을 세우고 시작할 수 있는지 알아보아요.

사업 계획 세우기

여행 가기 전에 여행 계획을 세우듯 사업을 시작하기 전에 꼼꼼하게 계획을 세우고 살펴보는 게 중요합니다. 다음은 사업을 시작하기 전 반드시 거쳐야 할 사업 계획에 관한 과정입니다. 여러분이 CEO가 된다면 어떤 계획을 세울지 생각해 보세요.

1. 어떤 사업을 할지 고민하기

무엇을 팔지, 그것이 재화인지 혹은 서비스인지 고민해야 합니다. 누구에게 제공할지도 중요한 고려 사항입니다. 예를 들어 꿈이 수의사라면 동물 병원을 창업하거나, 반려견 주인을 위한 재화나 서비스를 제공하는 사업을 구상할 수 있어요.

2. 기업 이름 정하기

사람들이 부르거나 기억하기 쉽고 무엇보다 그 제품(서비스)과 연관된 이름이어야 하겠죠. 이름이 첫인상을 좌우할 만큼 중요하기 때문에 여러 개 지어서 주변 사람들에게 어떤 게 좋은지 의견을 묻고 투표할 수도 있어요. 스카치테이프나 초코파이, 코카콜라처럼 브랜드 자체가 제품 이름이 된 경우도 많아요. 그만큼 브랜드 네이밍(이름 짓기)은 중요합니다.

3. 판매할 물건 또는 제공할 서비스에 관한 로고 정하기

제공할 물건이나 서비스와 관련한 로고를 정합니다. 기업(가게) 이름과 마찬가지로 제품(서비스)을 연상할 수 있는 이미지(로고)여야 하겠죠.

4. 고객과 판매 이유 선정하기

고객층을 정확히 선정하는 것이 중요해요. 그래야 해당 고객이 무엇이 불편한지 알고 그 점을 개선해 나갈 수 있을 테니까요. 예를 들어, 반려견을 대상으로 하는 기업이라면 밥을 잘 안 먹는 강아지 주인을 주요 고객층으로 정해, 맛있고 영양에도 좋은 강아지 간식을 판매할 수 있겠네요.

5. 가격 정하기

가격이 너무 비싸면 사람들이 외면할 수도 있어요. 그렇다고 가격이 너무 저렴하면 팔수록 오히려 손해가 될 수도 있고요. 인건비(사람을 부리는 데 드는 비용), 건물 임차료(건물을 빌려 쓰는 대가로 내는 돈) 등 사업하기 위해서 드는 돈도 따져 보고 가격을 얼마로 정할지 생각해 봐야 합니다.

6. 홍보 전략 세우기

아무리 좋은 제품과 서비스를 판매하더라도 사람들에게 알려지지 않는다면 소용없겠죠. 사람들에게 제품과 서비스를 알리는 효과적인 방법을 찾아야 합니다. 예를 들어, 전단을 돌리거나 유튜브 광고, SNS 홍보 등의 방법이 있을 수 있겠죠. 1+1 행사나 제품을 사면 사은품을 주는 마케팅을 할 수도 있어요. 유명한 연예인과 계약해 광고를 찍을 수도 있을 테고요.

이렇듯 우리가 무심코 접하는 것들은 눈에 보이는 것들(재화)이든 눈에 보이지 않는 것들(서비스)이든 이런 사업 계획 단계를 거쳐서 우리 눈에 띄고 이용할 수 있게 되는 거랍니다.

1. 여러분이 알고 있는 회사와 거기서 무엇을 살 수 있는지 적어 보세요.

회사명	살 수 있는 것	재화/서비스 구분

2. 소개하고 싶은 기업인을 정하고 그 기업인의 활동과 명언을 소개해 보세요.

이름(직업/회사명)

활동

명언

3. 여러분의 '사업 계획표'를 적어 보세요.

1. 판매할 물건 또는 제공할 서비스	
2. 사업(제품) 이름	
3. 제품(서비스) 로고	
4. 고객층 선정 (이유)	
5. 판매 가격	
6. 홍보 전략	

금융 경제 교육 8교시

주식 투자 경제

여러분의 투자 성향은 어떤가요?

　명절에 부모님과 친척들에게 받은 세뱃돈을 모으니 무려 20만 원이 되었어요! 이 돈을 어떻게 할까요? 여러분은 안전하게 은행에 가서 저축할 것인가요, 혹은 20만 원보다 더 많은 돈으로 불릴 수 있지만, 자칫 잘못하면 원금을 잃을 수도 있는 투자를 할 것인가요? 답을 고르기 전에 다른 사람들의 투자 성향을 살펴보세요.

1. '원금은 잃을 수 없어요'라는 주의

- 평소에도 손해 보는 것이 싫어요.
- 내일 무슨 일이 생길지 걱정이 많아요.
- 놀이공원에 있는 회전목마처럼 안전한 게 좋아요.

2. '투자는 적극적으로 해요'라는 주의

- 새로운 것에 관심이 많아요.
- 모험과 탐구를 좋아해요.
- 놀이공원의 롤러코스터처럼 빠르고 스릴 넘치는 게 좋아요.

3. '그때그때 달라요'라는 주의

- 1번과 2번의 성향 두 가지를 다 가지고 있어요.

여러분은 어떤 성향인가요?

주연: 저는 1번이에요!

성열: 미래는 정해져 있지 않고 어떻게 될지 모르니까 더 재밌을 것 같은데요? 전 누가 봐도 2번이죠.

민준: 새로운 것에 관심도 많고 탐구하는 것도 좋아하지만, 손해 보는 건 별로예요. 전 3번 할래요.

그래요. 친구들처럼 사람마다 투자에 대한 성향과 생각이 다 달라요. 1번을 선택했다면 '안전 추구형'이에요. 이런 사람들에게는 돈은 안전한 은행 예·적금에 저축하고, 위험성이 있는 주식이나 펀드는 적은 비율로 투자할 것을 추천해요.

2번은 '적극 투자형'이에요. 모든 돈을 주식에만 다 투자한다면 주식 가격이 많이 떨어졌을 때 손해를 많이 볼 투자한다면 위험성이 있어요. 그래서 적은 비율로 일부는 은행 예·적금으로 저축하고, 주식이나 주식 관련한 다른 금융 상품에 투자하는 방법을 추천합니다.

3번은 '중립형'이에요. 은행 예·적금과 주식, 주식 관련 다른 금융 상품으로 상황에 따라 적절하게 투자하기를 추천합니다.

저축을 할 것이냐 투자를 할 것이냐를 판단하려면 이 둘의 장단점을 잘 따져봐야 합니다. 저축은 안전하지만, 돈을 많이 벌 수는 없어요. 정해진 이자 외에는 더 받지 못하니까요. 반대로 투자는 돈을 많이 벌 수도 있지만, 경제가 안 좋아졌을 때 잃을 수도 있어요.

예를 들어, 회사가 많은 이익을 내고 성장한다면 그 회사가 발행한 주식의 가치가 10만 원에서 15만 원, 20만 원, 혹은 그 이상으로 커질 수 있어요. 하지만 회사가 잘 안 돼서 주식 가격이 내려간다면 10만 원이 5만 원으로 떨어질 수도 있다는 거죠. 자칫하면 이익은커녕 투자한 원금을 잃을 수도 있어요.

그래서 투자의 위험을 줄이려면 첫째, 생활에 지장이 되지 않을 정도의 금액 범위 내에서 투자하는 것이 좋아요. 이 돈이 없어도 생활에 불편함이 없다고 느낄 때의 금액을 투자해야 한다는 뜻이에요. 즉, 생활에 꼭 써야 할 돈은 저축하고 여유 자금으로 주식 투자를 하는 거예요.

둘째, 안전하게 투자하기 위해서는 한곳에 몰아서 투자하는 것이 아니라 다양한 회사에 나눠서 투자하는 게 좋아요. 이것을 분산 투자라고 합니다. 그리고 한꺼번에 같은 날 투자하는 것이 아니라 시간을 나눠서 투자하는 거예요. 왜냐하면 투자하려고 마음 먹은 주식이 오늘은 5만 원이던 게 내일은 4만 5천 원일 수도 있으니까요.

세 번째는 자신이 투자하려는 기업에 관해 충분히 공부하고 꼼꼼하게 살펴본 후 신중하게 투자하는 것이에요.

그럼 본격적으로 주식을 주제로 공부해 볼까요?

'달닭맵닭' 치킨 창업 이야기

성열이는 치킨을 무척 좋아합니다. 어느 날 새로 생긴 치킨집에서 배달시켰는데, 너무 맛이 없는 거예요. 그래서 성열이는 생각했죠.

'내가 만들어도 이것보다는 잘 만들겠다.'

그리고 직접 만들어 보겠다는 생각을 몸소 실천합니다. 치킨 요리법을 개발해 나갔어요. 수많은 시행착오 끝에 지금까지 먹어 본 치킨을 능가할 그 이상의 맛이 탄생합니다. 다른 사람들은 어떻게 생각할까 궁금했던 성열이는 친구들을 초대해 자기가 만든 치킨을 대접했어요. 친구들은 모두 깜짝 놀라며 "팔아도 되겠다!"라고 입 모아 칭찬했어요.

하지만 성열이는 고민에 빠졌어요. 이 치킨 요리법을 다른 기업에 팔 것인지, 이 요리법으로 사람들에게 환상의 치킨 만드는 방법을 가르쳐 주는 교육 사업을 할 것인지, 아니면 친구들 말처럼 직접 치킨을 팔 것인지 말이죠.

성열이는 일생일대의 결정을 하게 됩니다. 바로 치킨을 직접 만들어 파는 거였죠. 하지만 치킨을 만들어 팔려면 닭도 사야 하고 튀김 도구와 기름도 필요했어요. 치킨 가게를 차릴 건물 임대료와 가게에 놓을 테이블과 의자 등 돈 들어갈 데가 끝이 없네요. 이처럼 장사 밑천을 위한 자본금이 필요한데 성열이에게는 필요한 돈이 많지 않았어요.

성열이는 치킨을 먹고 가장 반응이 좋았던 민준이에게 전화합니다.

"민준아, 나 너한테 이야기할 게 있는데."

"어, 뭔데?"

"내가 '달닭맵닭' 치킨 가게를 열려는데 자본금 100만 원이 부족하거든. 혹시 돈 좀 빌려줄 수 있어? 내가 1년 뒤에 원금 100만 원과 10% 이자 10만 원 해서 총 110만 원 갚을게."

"치킨 가게 운영 경험도 없고 그만큼 위험 부담이 큰데, 이자를 20%는 줘야 하는 거 아니야? 수익률은 위험에 따라 결정되니까 말이야."

민준이는 고민해 보겠다고 하고는 전화를 끊었어요.

민준이는 기업에 돈을 빌려주고(차용) 그 증거(증서)로 채권(차용 증서)을 받는 것이 어딘지 불편했어요. 회사가 망하지 않는 한, 정해진 이자와 원금을 받을 수 있는 장점이 있지만, 사업이 아주 잘 될 경우 정해진 이자 이상 받을 수 없는 단점이 있었죠.

치킨을 다시 한 번 먹어 본 민준이는 성열이의 치킨 사업이 앞으로 크게 성장할 거라고 확신했어요. 민준이는 채권이 아닌 주식*을 선택합니다. 주식이란 주식회사*에 투자한 사람들에게 돈을 투자한 증거로 나누어 주는 증서(증권*)를 말해요. 민준이는 성열이에게 전화합니다.

"성열아, 나 너한테 돈 못 빌려줄 것 같아."

"그래? 어쩔 수 없지."

"대신, 내가 '달닭맵닭' 치킨 기업에 투자할 거야. 회사에서 수익이 많이 나면 일부는 주식회사의 주인인 주주*, 바로 나에게 수익 일부를 줘야 해."

"배당금*을 달라는 거지? 좋아, 알았어! 이제부터 너와 나는 동업자인 거야."

"그래, 앞으로 중요한 사안은 주주 총회를 거쳐서 나랑 결정해야 하는 거다."

그렇게 '달닭맵닭' 주식회사를 차리게 된 성열이와 주주가 된 민준이. 최소한의 비용으로 가게를 차리게 됩니다. 사람들한테 홍보도 하고요. 개업하고 얼마간 사람들이 터져나갈 듯이 많았어요. 성열이는 수익 일부는 배당금으로 민준이에게 주었고, 또 일부는 회사를 크게 키우기 위해서 투자했어요. 회사는 점점 커져서 2호점을 내고, 3호점도 내게 됩니다.

그런데 이게 웬일인가요. '달닭맵닭'의 맛과 비슷한 '내가더싸닭' 치킨 가게가 등장했어요. 심지어 '달닭맵닭'보다 가격도 더 쌌어요. 고객들은 냉정했습니다. 비슷한 맛의 값이 더 저렴한 '내가더싸닭' 치킨 가게로 발길을 돌렸어요.

'달닭맵닭' 가게 매출은 뚝뚝 떨어졌어요. 직원 월급도 가게 임대료도 줄 수 없는 지경이 되었고요. 주주인 민준이는 배당금은 물론 투자한 원금조차 잃을 위기에 처했죠. 투자는 회사가 커지면 많은 이익을 얻을 수 있지만, 회사가 잘못되면 원금을 잃을 수도 있거든요.

하지만 성열이는 포기하지 않았어요. 혁신적이고 창의적인 정신으로 다시 도전! 꿋꿋한 기업가 정신으로 새로운 요리법 개발에 몰두합니다. 다른 사람에게 알려 준다고 해도 만드는 과정이 너무나 힘들고 어려워서 다른 기업은 따라 하지도 못할 요리법을 말이죠. 혼신의 힘을 쏟아 개발한 치킨 요리법이 드디어 완성됩니다.

그 후 '달닭맵닭'은 다시 날개 돋친 듯 팔립니다. 그리고 회사도 위기에서 벗어나 다시 안정 궤도에 오릅니다.

주식과 관련해 앞에서 나온 용어들을 다시 정리할게요.

1. **주식** 주식회사에 투자한 사람들에게 그 증거로 나눠 주는 증서. 투자자들이 돈을 투자하면 주식회사는 증권을 줌
2. **주식회사** 주식을 발행하고 여러 사람에게 자본금을 조달받는 회사
3. **증권** 재산상의 권리와 의무에 관한 사항을 기재한 종이. 증권의 종류로는 채권과 주식이 있음
4. **주주** 주식회사에 투자한 사람들. 주식회사의 주인
5. **배당금** 주식 소유자에게 주는 회사의 이익 분배금

코스피와 코스닥

　'달닭맵닭'을 설립한 지도 벌써 10년이 지났습니다. 그간 많은 우여곡절이 있었지만, 변화하는 상황에 맞춰 '달닭맵닭' 기업의 규모도 점점 더 커졌어요. 처음에는 소기업이었지만 지금은 1,000명이 넘는 직원이 일하는 대기업으로 성장했어요. 회사는 투자를 늘리기 위해 더 많은 돈이 필요했어요. 또 상장*하기 위해서 불특정 다수를 대상으로 주식을 모집 또는 매출하는 기업 공개인 IPO*를 하게 됩니다. 일정 규모 이상의 기업은 NH투자증권, 한국투자증권, 미래에셋대우, 대신증권 등 IPO에 관한 풍부한 경험과 전문성을 갖춘 중개 기관의 도움으로 코스피(유가증권 시장)나 코스닥(장외 주식거래시장)에 상장할 수 있게 된답니다.

이렇게 해서 발행된 주식이 투자자들 사이에서 거래되는 시장을 유통 시장이라고 하는데요, 크게 코스피와 코스닥으로 나뉘어요.

'코스피Korea Composite Stock Price Index'는 한국거래소*에 상장된 기업의 주식 시장으로, 엄격한 상장 요건을 충족하는 주식이 모여 있어요. 가격 변동이 상대적으로 적은 대형 기업이 많아요. 혹시 코스피 지수라고 들어본 적이 있나요? 한국종합주가지수를 의미하는 것으로, 한국거래소에 상장된 상장 기업의 주식 변동을 기준 시점과 변동 시점을 비교하여 작성한 지표를 말해요.

1980년 1월 4일 기준 상장 종목 전체의 시가 총액을 100으로 보고 현재 상장 종목들의 시가 총액이 어느 수준에 놓여 있는지를 보여주는 시스템이에요. 즉, 지금 코스피 지수가 2,400포인트라면 1980년 시가 총액 대비 현재의 시가 총액이 24배라고 보면 되겠지요.

'코스닥Korea Securities Dealers Automated Quotation Index'은 상장 요건을 갖추지는 못한, 창업 초기에 있는 중소기업의 자금 조달을 위한 주식 시장이에요. 성장 가능성이 큰 벤처기업이 모여 있지요.

창업 초기에 주식회사가 설립되고 최초 발행한 1주당 가격을 액면가*라고 해요. 그리고 회사가 주식 시장에 상장될 때 처음 결정하는 가격을 공모가*라고 해요. 사는 사람과 파는 사람에 따라 결정되는 주식의 시장 가격을 주가*라고 하지요.

주가는 계속해서 변해요. 만약 회사의 가치가 커지면서 앞으로 주가가 더 오를 거로 생각한 사람이 많으면 주가는 올라가요. 반면, 회사의 가치가 낮아지면 주가보다 회사의 가치가 더 낮다고 생각하기 때문에 사람들은 주식을 사지 않을 거예요. 그럼 주식을 팔고자 하는 사람은 원래 산 가격보다 더 낮은 가격에 팔아야겠죠. 어른들이 말하는 주식 때문에 손해를 봤다는 말은 이렇게 산 가격보다 더 낮은 가격으로 주식을 팔 때입니다.

앞서 나온 용어를 정리하면 다음과 같습니다.
1. **상장** 한국거래소에서 매매할 수 있는 종목으로 지정하는 것
2. **IPO** Initial Public Offering의 약자로 기업이 주식 및 경영 내용을 공개하는 것
3. **한국거래소** 주식을 사고팔려는 사람들을 연결해 주는 시장
4. **액면가** 주식회사가 설립되고 최초 발행한 1주당 가격
5. **공모가** 회사가 주식 시장에 상장될 때 처음 결정하는 가격
6. **주가** 사려는 사람과 팔려는 사람에 따라 결정되는 주식의 시장 가격

어린이도 주식을 할 수 있을까요?

미성년자인 어린이, 청소년도 증권 계좌 개설이 가능합니다. 여러분 이름으로 된 은행 통장을 보면 계좌 번호가 있죠? 증권회사 계좌도 마찬가지예요. 증권회사에서 계좌 번호를 만들어 주는데, 관련 정보를 휴대폰 앱과 온라인(인터넷)으로 확인할 수 있어요.

미성년자인 어린이와 청소년들은 부모님이 필요한 서류를 가지고 증권회사 영업점에 방문하면 계좌를 만들 수 있어요.

준비해 가야 하는 서류
- 법정 대리인의 신분증
- 3개월 이내에 발급한 주민등록등본 또는 가족관계증명서(주민등

록증 뒷자리까지 모두 적혀 있어야 해요.)
- 거래 도장

참고로 비대면 계좌는 만 19세 이상만 개설할 수 있어요. 비대면 계좌는 증권회사에 가지 않고 휴대폰 앱으로 주식을 사고팔 수 있는 계좌예요. 주식 계좌를 만들었다면 이제 여러분도 주식을 살 수 있어요. 그런데 주식을 사려고 보니, 뭐가 너무 어렵고 복잡해 보입니다.

먼저, 주식 그래프를 보면 빨간봉(양봉)과 파란봉(음봉)이 있는데요. 이것을 봉차트라고 불러요. 일정 기간 주가의 움직임이 표현된 막대 모양의 봉으로 이루어진 주식 차트로, 봉의 형태가 양초처럼 보여서 캔들 차트candle chart라고도 합니다.

주식이 있는 사람들은 빨간색을 보면 기분이 좋고, 파란색을 보면 기분이 좋지 않아요. 왜냐하면, 빨간색은 주가가 오른 것이고 파란색은 떨어진 것이거든요.

빨간색 네모 상자의 끝은 시가, 시작할 때 가격이고요. 위의 네모 상자의 꼭대기점은 종가, 즉 주식 시장에서 마지막으로 결정된 가격을 말해요. 시가보다 종가가 위에 있으니 가격이 올랐다는 뜻입니다. 밑으로 길게 나와 있는 선은 꼬리라고 해서 시가보다 낮았던 저가, 위로 있는 선은 종가보다 높았던 고가를 말해요. 이건 파

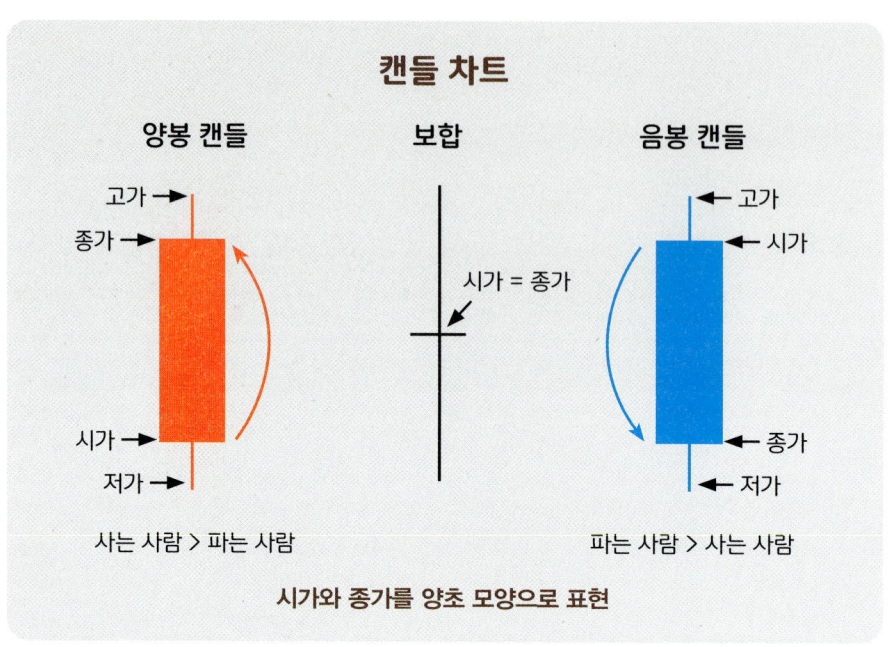

는 사람보다 사는 사람이 더 많았다는 것을 의미해요.

파란색(음봉) 차트는 반대예요. 시가는 네모 상자의 꼭대기에 있고 마지막 가격인 종가느 아래로 떨어졌어요. 이건 반대로 파는 사람이 사는 사람보다 더 많았다는 것을 말해요. 십자가 모양으로 생긴 것은 보합이라고 합니다. 시가와 종가가 같았다는 거예요.

시간 개념으로 생각해 볼게요. 아침에 시작할 때 주가가 10,000원이었다면 시가는 10,000원이에요. 그런데 9,500원까지 떨어졌어요. 저가가 9,500원 아래로 긴 꼬리가 됩니다. 오후에 잠깐 11,500원까지 올랐을 때가 고가예요. 마지막으로 결정된 가격이 11,000원이라면 종가가 11,000원이 되는 거예요.

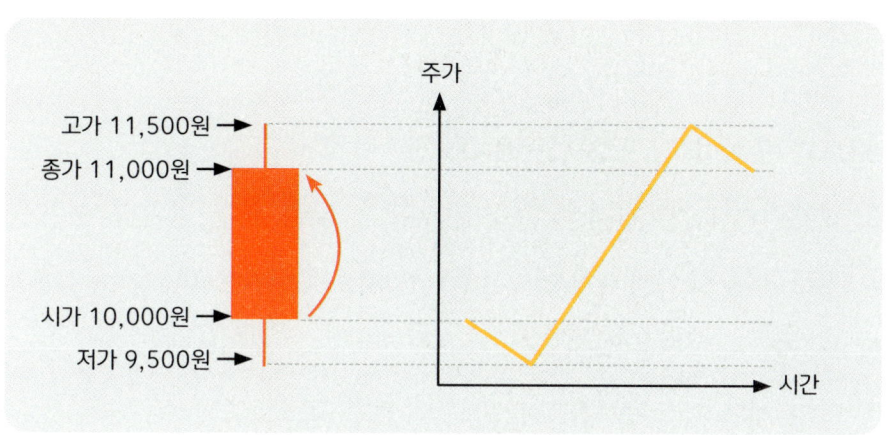

휴대폰으로 주식을 사는 화면을 같이 볼까요?

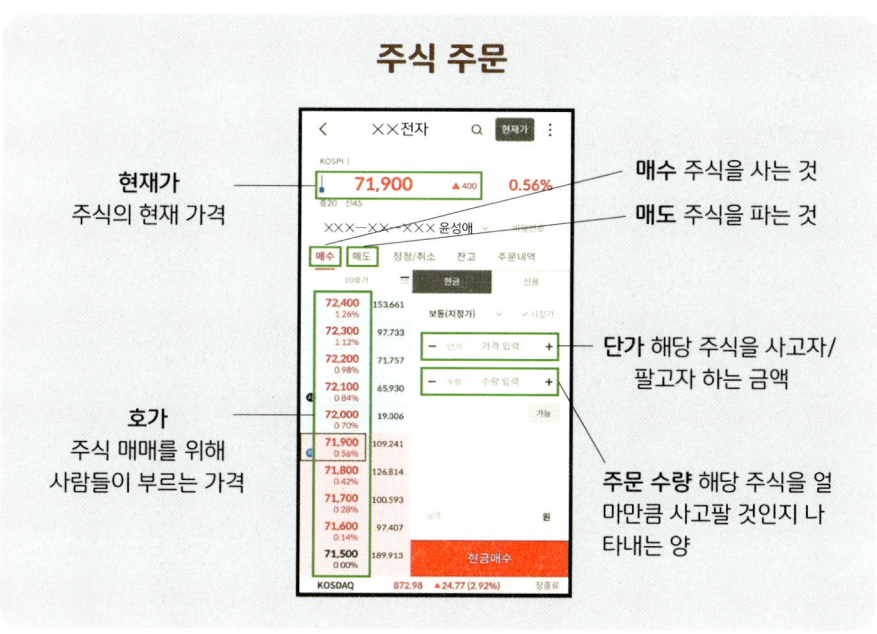

1. **매수** 주식을 사는 것
2. **매도** 주식을 파는 것
3. **현재가** 내가 보고 있는 주식의 현재 가격
4. **호가** 주식을 사고팔기 위해 부르는 가격
5. **보통가(지정가)** 원하는 가격에 사거나 팔기 위해 가격과 수량을 지정하는 것 (단, 가격과 맞지 않다면 거래가 이뤄지지 않을 수 있음)
6. **시장가** 시장에서 형성되는 가격으로 바로 사거나 파는 것
7. **단가** 해당 주식을 사고자/팔고자 하는 금액
8. **주문 수량** 해당 주식을 얼마나 사고팔 것인지 나타내는 '양'으로 보통 '주' 단위로 판매

만약 '달닭맵닭' 회사의 현재가가 1주에 10,000원인데 시장가로 산다면 주문 수량은 1주로, 10,000원에 바로 살 수 있을 거예요. 하지만 지정가 9,000원으로 2주를 산다면 18,000원에 살 수도 있고 못 살 수도 있어요. 주식 1주 가격이 9,000원까지 떨어진다면 2주를 매수할 수 있겠지만, 안 떨어지면 살 수 없겠죠.

1주를 샀다면 이제 여러분은 '달닭맵닭' 회사의 주주입니다. 기업은 중요한 결정을 할 때 주주 총회라는 것을 열어 투표해요. 주주 총회에서는 한 주를 가지고 있으면 한 표를 가지고 있는 것과 같아요. 10주를 가지고 있으면 투표권도 10개인 거예요. 이렇게 투

표할 수 있는 권리를 '의결권'이라고 한답니다.

하지만 주식을 가지고 있다고 모두 의결권을 갖고 있을까요? 그건 아니에요. 주식은 크게 보통주와 우선주가 있는데요. '달닭맵닭'은 보통주, '달닭맵닭우'는 우선주를 뜻해요. 우선주는 회사에서 배당금을 줄 때 이익을 좀 더 챙겨 주지요. 만약 회사가 망하면 보통주에 우선해서 회사의 남은 자산을 나눌 때 먼저 받을 수 있어요. 그런데 우선주는 돈은 우선해서 더 챙겨 주지만, 의결권이 없답니다.

현명한 주식투자 방법

1. 오랫동안 갖고 있어도 좋을 주식을 사요.

투자의 귀재라 불리는 워런 버핏은 다음과 같이 말했어요.

"10년 동안 보유하지 않을 생각이라면, 단 10분도 보유하지 마라."

어떤 주식을 사야 할지, 우선 내가 입은 옷, 신발, 가방을 살펴보세요. 아빠가 사용하는 휴대폰, 동생이 좋아하는 햄버거 가게, 장난감, 엄마가 아끼는 화장품, 우리 가족이 쓰는 샴푸, 치약 등 어떤 것이든 좋아요! 주변에서 사용하는 물건을 만드는 익숙한 회사부터 살펴보세요.

그리고 10년이 지났을 때, 회사의 가치가 더욱 올라가 있을 곳을 찾는 거예요. 회사의 실적은 늘어나고 있는지, 성장 가능성이 충분한지, 사람들 사이에서 주식을 사고파는 활동이 활발한지, 그리고 그 회사를 이끄는 사람의 능력은 어떤지 말이에요.

금융감독원의 전자공시시스템(https://dart.fss.or.kr)에서는 회사의 사업보고서를 볼 수 있어요. 회사에서 어떤 제품과 서비스를 판매하는지 그리고 얼마나 팔고 있는지 앞으로는 어떻게 팔 것인지 다양한 정보가 나와 있답니다. 이처럼 기업의 매출, 이익, 재무 상태와 성장 가능성, 안정성 분석을 숫자로 나타낸 것도 있어요. 바로 펀더멘털을 측정하는 지표인데요. 펀더멘털은 기업의 기초 체력을 측정하는 기본적인 지표들을 말해요. 펀더멘털이 우수하다는 말은 기초 체력이 뛰어나다는 뜻입니다.

2. 다양한 자산에 분산 투자해요.

만약 주식 시장의 상황이 전체적으로 좋지 않다면 어떻게 될까요? 자칫하면 우리가 산 주식 전체가 떨어질 수도 있어요. 이런 투자의 위험을 줄이기 위해서는 주식뿐 아니라 다양한 자산에 분산하여 투자하는 것이 중요해요. 필요한 돈은 은행에 예금으로 맡겨두고 여유 자금으로 투자해야 해요. 일부는 채권을, 일부는 금을 살 수도 있고요. 이렇게 함으로써 투자 손실을 최소화할 수 있답니다.

3. 여러 회사의 주식을 사요.

"달걀을 한 바구니에 담지 마라."라는 말을 들어 본 적 있을 거예요. 만약 한 회사의 주식에 전 재산을 투자했는데 그 회사의 주가가 내려간다면 어떨까요? 사실, 주식은 오를 수도 있고 내릴 수도 있어요. 그래서 안정성은 높이고 위험은 낮추는 전략이 필요해요. 내가 좋아하는 과자 회사뿐 아니라, 아빠가 사고 싶어 하는 전기차 회사, 우리 가족이 이용하는 인터넷 은행 주식, 동생이 좋아하는 장난감 회사 등 여러 회사 주식을 사는 거예요.

우리가 주식을 직접 사고파는 것을 직접 투자라고 해요. 그렇지만 직접 투자하기에는 주식이 너무 어렵다고요? 그러면 전문가에게 우리 돈을 굴려달라고 맡기는 간접 투자 제도인 '펀드'도 있어요. 이 펀드를 담당하는 펀드 매니저는 많은 투자자가 맡긴 돈으로 여러 종류의 자산에 분산 투자하여 얻어지는 이익을 투자자에게 나눠 줍니다. 단, 세상에 공짜는 없으므로 돈을 굴려주는 대신 수수료를 내야 한답니다.

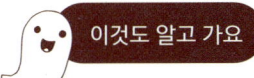 이것도 알고 가요

다양한 투자 방법

위험에 따라 투자 방법은 '안전 자산'과 '위험 자산'으로 나눠요.

대표적인 '안전 자산'으로는 우리 친구들이 잘 알고 있는 은행 예·적금이 있고요. 회사가 망하지 않는 한 빌려준 원금과 이자를 받을 수 있는 채권도 있어요.

'위험 자산'은 대표적으로 주식과 부동산이 있습니다.

'부동산'의 종류는 다양해요. 건물, 땅과 같은 부동산은 꾸준히 임대료를 받을 수도 있고 부동산을 팔 때 가격이 올랐을 수도 있어요. 하지만 부동산은 금액이 크기 때문에 조금만 떨어져도 손해 금액이 클 수 있어요. 그뿐 아니라, 땅과 건물은 팔고 싶다고 바로 팔리는 것이 아니라 거래하는 데 시간이 오래 걸린답니다.

투자할 때는 고려해야 할 3요소가 있는데요. 바로 '안정성', '수익성', '환금성'이에요.

'안정성'이란 투자한 원금을 잃지 않을 수 있는지에 관한 정도를 뜻해요. 안정성이 높다는 것은 위험도가 낮다는 말이겠죠. 위험도에 따라 '은행 예·적금 > 채권 > 부동산 > 주식' 순으로 나열할 수 있어요. 은행이 가장 원금을 잃을 위험도가 낮고 주식이 가장 높다는 뜻이에요.

'수익성'은 투자한 결과 얼마나 이익을 얻을 수 있는지에 관한 가능성을 뜻해요. High Risk, High Return(하이 리스크, 하이 리턴)이라는 말은 위험성이 높으면 수익성도 높을 수 있다는 말입니다. 하지만 위험성이 높다고 반드시 수익성이 좋은 건 아닐 수 있다는 것! 투자의 결과는

아무도 모르니까요.

'환금성'은 필요할 때 얼마나 쉽게 현금으로 바꿀 수 있는지를 의미해요. 환금성을 다른 말로 유동성이라고도 불러요.

안타깝게도 이 세 가지를 다 만족하는 투자 상품은 없어요. 예를 들어, 예금은 원금을 잃을 가능성이 낮아서 안정성은 높지만, 수익성은 낮고요. 주식은 수익이 날 가능성이 큰 만큼 원금 손실의 위험도 큰 편이에요. 부동산은 다른 상품에 비하여 비교적 안정적인 편이에요. 가격이 주식처럼 시시각각 급등하거나 하락하지 않고 물가가 오르면 실물 자산인 부동산도 오를 가능성이 크기 때문이죠. 부동산을 빌려주고 임대료를 받는 방법도 있어요. 하지만 부동산은 환금성이 떨어진답니다. 부동산은 움직이지 않는 자산이라 내가 원하는 가격에 쉽고 빨리 거래하기 힘들다는 단점이 있습니다.

1. 다음 '경제 뉴스'를 보고 아래 표에 투자 수량과 금액을 적어 보세요. 투자금은 100만 원입니다.

과자 회사
과자 원재료 값 상승으로 원가 부담이 커지고 있습니다.

자동차 회사
전기차, 수소전기차, 로보틱스 등 대규모 투자 소식이 들려옵니다.

인터넷 은행
대출 금리가 높아서 고객들의 이용이 줄어들고 있다는 소식입니다.

장난감 회사
수요가 줄어 수출량이 줄어들고 있습니다.

택배 회사
연휴를 맞이하여 택배 물량이 증가했습니다.

여행 회사
코로나19 해제로 해외여행이 늘었습니다.

투자 대상	주식 가격	투자 수량	투자 전 금액 (가격×수량)
과자 회사	30,000원	×	=
자동차 회사	20,000원	×	=
인터넷 은행	10,000원	×	=
장난감 회사	5,000원	×	=
택배 회사	20,000원	×	=
여행 회사	10,000원	×	=
현금 (투자 후 남은 금액)			=
투자 후 금액 합계			100만 원

2. 1년 후 투자 결과를 확인하세요.

과자 회사
원가 부담이 커져서 수익성이 나빠져 주식의 가치가 떨어졌습니다. ▼

자동차 회사
대규모 투자 소식으로 주식의 가치가 올랐습니다. ▲

인터넷 은행
고객들의 이용이 줄어 주식의 가치가 떨어졌습니다. ▼

장난감 회사
수출량이 줄면서 주식의 가치가 떨어졌습니다. ▼

택배 회사
택배 물량이 증가하여 주식의 가치가 올랐습니다. ▲

여행 회사
해외 여행이 늘면서 주식의 가치가 올랐습니다. ▲

- 투자 후 금액 합계를 확인하세요. 투자 후 남아 있는 현금도 더해야 합니다.

투자 대상	가격	투자 수량	투자 후 금액(가격×수량)
과자 회사	28,000원	×	=
자동차 회사	23,000원	×	=
인터넷 은행	9,000원	×	=
장난감 회사	4,000원	×	=
택배 회사	21,000원	×	=
여행 회사	12,000원	×	=
현금(투자 후 남은 금액)			=
투자 후 금액 합계			만 원

투자 전 금액 < 투자 후 금액 → 이익
투자 전 금액 > 투자 후 금액 → 손해

금융 경제 교육 9교시

부동산
(내 집 마련)

부동산은 무엇일까요?

'부동산'은 말 그대로 움직여 옮길 수 없는 자산이에요. 땅이나 건물, 주택이 대표적인 부동산 자산이죠. 반대로 '동산'이란 움직일 수 있는 자산을 말하는데요. 부동산 이외의 돈, 증권, 물건은 모두 동산입니다.

유치원생부터 할머니, 할아버지까지 다양한 나이대의 사람을 만나면서 돈을 모아 사고 싶거나 하고 싶은 게 무엇인지 물어보았어요. 그러자 나이를 가리지 않고 대부분의 사람이 공통으로 대답하는 것이 하나 있어요. 바로 '부동산', 더 구체적으로는 집이랍니다.

유치원에 다니는 어린 친구는 돈을 모아서 부모님께 집을 사 드리고 싶다고 이야기해요. 사춘기가 시작된 언니, 오빠들은 돈을 모

부동산 땅, 주택, 건물

동산 부동산 빼고 다!

아 집을 구해서 자신이 직접 밥해 먹으면서 생활하는 자취를 하고 싶다고도 이야기해요. 친구들이랑 같이 살면 재밌을 것 같다고도 말하고요. 대학생들은 학교 근처의 멋진 원룸을 얻어 자기만의 공간을 꾸미고 싶다고 합니다. 직장인들은 직장과 가까운 곳에 집을 얻어서 편하게 회사 다니고 싶다고 해요. 결혼한 부부는 아이를 낳아 같이 키울 집이 있으면 좋겠다고 합니다. 할머니, 할아버지들은 작은 텃밭이 있는 전원주택을 꿈꾸고, 은퇴 후에 바다가 보이는 집에서 살고 싶어 하기도 해요.

이처럼 집은 누구에게나 필요하고, 모두가 원하는 자산이에요. 그래서 오늘도 '내 집 마련'과 은퇴 후 멋진 노후를 보내기 위해서 어른들은 열심히 일하고 있어요. '의식주'라는 말처럼 '옷', '음식', '집'은 누구에게나 필요하니까요. 참고로, 우리나라는 전 국민의 자산 중에서 부동산이 차지하는 비중이 무려 60%가 넘는답니다!

집의 종류는 단독 주택에서 아파트까지 다양해요. '아파트'는 5층 이상의 공동 주택을 말해요. 우리나라 국민의 절반 가까이가 이 아파트에 거주하고 있다는 통계 결과가 있어요. '빌라'도 들어 봤죠? 빌라는 4층 이하의 주택으로 '다세대 주택'과 '연립 주택'을 말해요. 아파트와 빌라는 공동 주택으로 한 건물에 집이 여러 채예요. 그래서 101동 101호와 102호의 집주인이 서로 달라요. 예를 들어, 한 아파트가 1,000세대라면 약 1,000명의 집주인이 있는 거예요. 하지만 단독 주택은 3층 이하의 건물로 세들어 사는 세입자는 여러 명일 수 있지만, 집주인은 1명이에요. '오피스텔'은 사무실로도 활용하고 주거 시설로도 살 수 있는 건물이에요.

이렇게 사람들마다 살고 있는 집의 형태는 다릅니다. 이 책을 읽는 친구들이 사는 집도 서로 다를 거예요. 이렇게 형태는 다르지만, 우리 친구들이 살고 있는 이 집을 구하기 위해 어른들이 열심히 노력했다는 것은 꼭 알아두세요.

집을 구하는 방법은 무엇이 있을까요?

집을 구하는 방법은 다양해요. 직접 집을 살 수도 있지만, 전세, 월세, 반전세처럼 실제 집주인이 따로 있고, 집주인에게 집을 빌려서 사용하는 방법도 있어요. 돈을 받고 남에게 빌려주는 것을 '임대'라고 해요. 집을 다른 사람에게 빌려주는 사람은 '임대인', 반대로 집을 빌리는 사람은 '임차인'이라고 합니다.

'전세'란 보증금(전세금)이라는 목돈(많은 돈)을 임대인에게 맡기고 약속한 기간 집을 빌려 산 다음, 그 기간이 끝나면 (맡겨 놨던) 보증금을 받아 나가는 것을 말합니다. 전세의 장점은 매월 내야 하는 돈에 대한 부담감이 적다는 거예요. 하지만 보증금이 커서 목돈을 마련하는 것이 부담될 수 있어요. 전세 제도는 전 세계에서

우리나라가 거의 유일하다고 합니다.

　월세로 집을 구하는 방법도 있어요. '월세'는 다달이 돈을 내고 집을 빌려 쓰는 걸 말해요. 월세 보증금은 앞의 전세 보증금에 비해 금액이 적은 편이에요. 이 보증금은 나중에 돌려받을 수 있지만, 매달 내는 일정 금액의 집세는 돌려받을 수 없는 돈이에요. 집을 빌려 쓰는 대가로 주는 것이니까요.

　'반전세'라는 것도 있는데, 전세와 월세가 합쳐진 개념이에요. 보증금은 전세보다는 낮고 월세보다는 높게, 그리고 매월 내야 하는 돈은 월세보다 낮게 주는 거죠.

등기부는 무엇일까요?

친구들, 혹시 중고 거래를 해 본 적 있나요? 내가 더 이상 사용하지 않아 팔았으면 하는 물건을 인터넷이나 앱에 올리면 그것을 원하는 사람과 약속하고 직접 만나 물건을 주고 돈을 받는 거죠.

그런데 집, 건물 같은 부동산은 어떻게 사고팔까요? 집은 책이나 장난감처럼 가볍게 주고받을 수 있는 게 아니잖아요. 옮길 수 없고 게다가 그 가치가 수억까지 하는 집을 사고팔려면 그만큼 믿고 맡길 수 있는 법적 장치가 있어야겠죠?

그래서 나라에서 정한 법으로 '등기부(등기 장부)'에 집주인이 누구인지 잘 기록해 둔답니다. 부동산에 관한 권리가 적힌 등기부를 복사한 증명 문서를 '등기부 등본'이라고 하는데요. 집을 빌리거나 사고팔 때는 권리 관계가 적힌 이 등기부 등본을 꼼꼼하게 살펴봐야 해요.

등기부 등본은 인터넷 등기소에서 1,000원 이하의 금액으로 누구나 볼 수 있어요. 이 등기부 등본은 갑구와 을구로 구분돼요.

'갑구'에는 소유권에 관한 사항으로 누가 집주인인지 적혀 있어요.

'을구'에는 소유권 외에 다른 권리가 적혀 있어요. 전세권이라든지 아니면 집을 살 때 은행에서 주택을 담보(돈을 빌린 사람이 만약 돈을 갚지 않을 때를 대비하여 마련한 수단)로 돈을 빌렸다면 저당권(제때 돈을 갚지 못하면 집을 팔아서라도 빌려준 돈을 먼저 받을 수 있는 권리)이라는 권리가 적혀 있답니다. 그래서 이 등기부 등본을 보면 집주인이 어느 은행에서 얼마나 돈을 빌렸는지 알 수 있어요.

주연이 가족의 집 구하기

주연이네 가족이 전셋집을 새로 구하는 과정을 따라가 보세요.

공인 중개사 사무실.

아빠 안녕하세요. 전세를 좀 구할까 하고요.

엄마 ○○학교 근처에서 너무 멀지 않으면 좋겠는데, 학교 근처에 전셋집이 없을까요?

공인중개사 (컴퓨터 화면을 쳐다보며) ○○학교 근처요? 전셋집이 한 채 있네요. 지금 가서 한번 보시겠어요?

공인중개사 안녕하세요. 집 보러 왔습니다.

집주인 들어오세요. 우리 노부부만 오래 살아서 집은 깨끗하게 썼어요. 부엌도 크게 잘 빠졌고요. 편하게 둘러보세요.

엄마 네, 실례하겠습니다. 싱크대가 깨끗하네요. (부엌에서 물을 틀어보며) 물도 잘 나오는 것 같아요.

아빠 (집을 둘러보며) 흠….

공인중개사 어때요? 학교도 가깝고요. 다만, 전세가가 높게 나와서 전세 보증금 반환 보증 가입이 좀 어려운데, 만약 가입하신다고 하면 제가 가격은 한번 조정해 볼게요.

엄마 전세 보증금 반환 보증 가입이 안 되나요? 좀 위험해 보이는데….

아빠 고생하셨어요. 생각해 보고 연락드릴게요.

주연 전 마음에 안 들어요. 집이 너무 오래돼 보였어요. 벌레가 많이 나올 것 같은 느낌?

아빠 아빠도 같은 생각이야. 바닥이 아빠 어릴 때 살던 집의 장판 같았어.

엄마 앱에도 전셋집이 있는지 한번 봐야겠다. (휴대전화를 들여다보면서) 여기는 전셋집이 좀 있네. (전화 통화) 안녕하세요. ○○부동산이죠? 혹시 생생 아파트 25평 전세 있나요?

아, 있다고요? 지금 보러 갈 수 있을까요? 네, 30분 뒤에 뵐게요.

공인중개사 안녕하세요. 바로 올라가 볼게요. (번호 키를 누르며) 여기 집주인은 출장 가서 지금 집에 아무도 안 계세요.

엄마 어머, 생각보다 크고 좋네요.

공인중개사 집이 깨끗하죠? 여기 남자 혼자 사시고, 출장이 잦아서 주말에만 집에 올까 말까 하신다더라고요.

엄마 혹시 여기는 전세 보증금 반환 보증 가입이 되나요?

공인중개사 지금 아파트 시세가 ○○원이고, 전세금이 ○○원이라서 전세 보증금 반환 보증에 가입하실 수 있어요.

아빠 주연 엄마, 나는 괜찮은데 당신 생각은 어때요?

엄마 주연이 학교 갈 때 시간이 좀 걸리는 것 말고는 다 괜찮은 것 같아요. 주연아, 네 생각은 어때?

주연 아침에 좀 일찍 나서면 되죠, 뭐.

아빠 엄마 그럼 이 집으로 계약할게요.

공인중개사 계약하시겠어요? 자세한 건 사무실 가서 이야기하시죠.

공인중개사 이 집의 등기부 등본이에요. 갑구는 소유권에 관한 부분이고, 을구는 소유권 외에 저당권 등에 관한 부분을 확인하실 수 있어요. 근저당권(장래에 생길 채권의 담보로서 미리 설정한 저당권)이 있기는 하지만 잔금 치를 때 근저당권 말소하면 되니까 걱정 안 하셔도 되고요. 가계약금(정식 계약 전에 임시로 주는 계약금(돈) 일부)은 100만 원 먼저 보내 주시고, 계약서 작성은 집주인에게 언제 시간 되는지 물어볼게요.

아빠 네, 가계약금 방금 보냈습니다.

공인중개사 예, 그럼 계약하시는 걸로 알고 집주인께 연락드릴게요.

공인중개사 인감 증명서, 도장, 신분증 가지고 오셨죠?

집주인(임대인) 예, 여기 있습니다.

공인중개사 방금 발급받은 등기부 등본입니다. 대출 없는 것 확인하시고요. 소유주분 신분증 보시면 동일인 맞습니다. 계약서 보시고 주소 맞는지 확인하세요. 거래 금액은 ○○원입니다. 입주 일자는 ○○월 ○○일입니다.

아빠 네, 확인했습니다.

공인중개사 특약 사항 확인 부탁드립니다.

1. 임차인 1순위 조건 임대차이며, 본 부동산에 설정된 근저당권 〈채권최고액 금 ○○○,○○○,○○○원〉은 잔금과 동시에 상환 및 말소해 주기로 한다.

2. 임대인은 임차인의 전세 자금 대출 및 전세 보증 보험 가입 시

적극적으로 협조해 주기로 한다.

3. 벽걸이 TV, 정수기 설치, 반려동물 등은 임대인의 동의를 필요로 한다.

 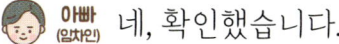 네, 확인했습니다.

공인중개사: 그럼 아래에 서명하시고, 도장 찍으시면 됩니다. 네, 계약 다 되었고요. 임차인분은 입주하시는 날, 전입 신고와 확정 일자 받으시면 됩니다. 고생 많으셨습니다.

이사 당일.

공인중개사: 제가 지금 아파트에 와 있습니다. 임대인이 지금 짐 거의 다 빼셨고요. 당일 아침 확인해 본 결과, 등기부 등본에서 근저당권 말소 완료된 것 확인하였습니다. 잔금 보내신 후에 확인 문자 부탁드립니다.

엄마: 네, 방금 잔금 보낸 확인 문자 드렸습니다. 중개 수수료 보내드릴게요. 액수와 계좌, 예금주 문자 보내 주세요.

공인중개사: ○○은행/김○○/○○-○○○-○○○○. 중개 수수료 ○○만 원

엄마: 네, 방금 보냈고요. 전입 신고와 확정 일자도 받았습니다. 감사합니다.

계약 후에는 전입 신고와 확정 일자가 필요해요. 집을 빌렸다면 "저 이 집에 살고 있어요!"라고 신고를 해야겠죠. 그게 전입 신고예요. 집주인은 다른 사람이지만, 실제로 집에 사는 건 바로 '나'이니까요. 세입자는 읍·면·동 행정복지센터에 가서 '전입 신고'를 하고 계약 체결 일자를 기관에서 확인해 주는 '확정 일자'도 받아야 해요. 바빠서 행정복지센터에 갈 수 없으면 인터넷으로도 신고할 수 있어요. 전입 신고와 확정 일자는 꼭 받아 놓는 것이 중요하답니다. 그래야 혹시 집주인이 다른 사람에게 집을 팔더라도 "저 여기 사는 사람이에요!"라고 주장할 수 있고, 보증금도 새로운 집주인인 임대인에게 돌려받을 수 있거든요.

계약 날짜가 끝나서 다른 집으로 이사 가려고 하는데 집주인이 돈이 없다면서 전세 보증금을 안 돌려 주거나 나쁜 마음을 먹은 집주인 때문에 전세 사기를 당할 위험도 있어요. 그래서 이런 일을 미리 방지할 수 있게 주택도시보증공사나 서울보증보험에 '전세 보증금 반환 보증' 가입을 추천합니다. 만약 전세 기간이 만료되었는데 집주인이 전세금을 제때 주지 않으면 공사에서 대신 지급하기 때문에 안전장치로 활용된답니다.

새 아파트는 어떻게 살 수 있을까요?

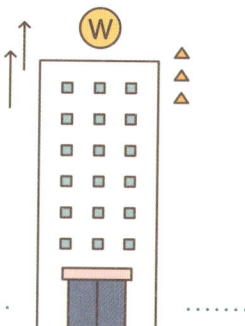

민준이는 친구 집에 초대받아 놀러 갔어요. 위로 쭉 솟은 새 아파트였는데 놀이터나 아파트 내 조경도 정말 예뻤어요. 새집이라 깨끗하기도 했고 민준이 집에는 없는 편리한 시스템이 갖춰져 있었어요. 속으로 '와, 이런 집에 살고 싶다.'라는 생각이 절로 들었어요.

어떻게 하면 새 아파트를 살 수 있을까요? 물건을 고르듯 아파트도 그렇게 살 수 있을까요? 그렇게는 살 수 없어요.

새 아파트를 구입하는 건 두 가지 방법이 있어요. 이미 다 지어진 아파트를 구입하는 것과 새 아파트를 짓기 전에 분양을 받는 것이죠. 여기서는 이 분양에 관해서 얘기해 볼게요.

새 아파트를 분양받기 위해서는 '주택 청약 종합 저축'이 필요해요. 이것은 새 아파트를 사기 위한 일종의 번호표로 새로 공급되는 국민 주택과 민영 주택을 분양 받기 위해 가입하는 금융 상품이에요. 이 통장이 있어야 "이 아파트 사고 싶어요."라고 청약을 넣어 볼 수 있는 거죠. '주택 청약'이란 주택을 계약하고 싶다는 나의 의사 표시입니다. 이 주택 청약 종합 저축은 나이, 집의 유무에 상관없이 누구나 가입 가능합니다. 통장을 만든 이후 저축하는 것이 부담된다면, 통장만 미리 만들어 두고 돈은 나중에 넣어도 괜찮아요. 우리은행, 농협, 기업은행, 신한은행, 하나은행, 국민은행에서 만들 수 있어요.

그런데 한 가지 궁금증이 생기네요. 아파트에 들어갈 수 있는 집의 수는 1,000개인데, 아파트를 사고 싶어 하는 사람이 100,000명이라면 경쟁이 치열하겠죠. 100명 중 한 사람(가족)만 새집에 들어갈 수 있으니 뽑는 기준이 필요해요. 그 기준으로 우리가 학교에서 시험 치고 점수를 받듯이, 필요한 정보를 쌓는 '가점제'와 '추첨제'가 있는데, 이것은 아파트 위치와 조건, 평수 등에 따라 그 비율이 다릅니다.

아파트는 크게 '국민 주택'과 '민영 주택'으로 나뉘어요.

'국민 주택'은 국민의 주거 안정을 위해 다른 아파트보다 좀 더 낮은 가격으로 분양하기 때문에 인기가 많습니다. 한국토지주택공사(LH), 서울주택도시공사(SH) 등 국가 기관에서 건축한 아파

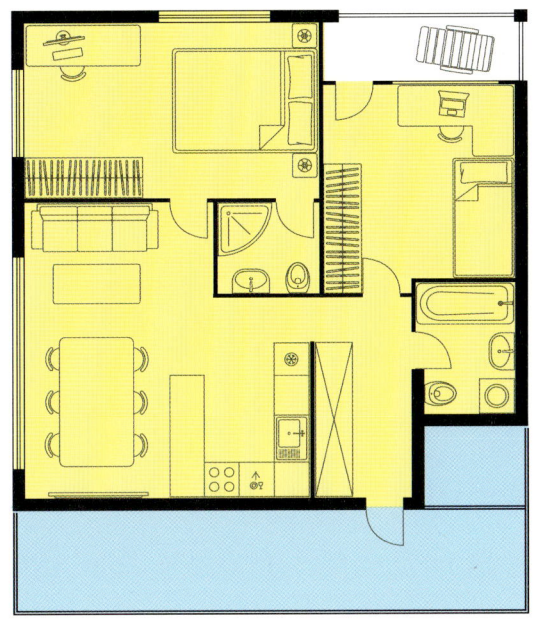

전용 면적 실제로 주거하는 방, 거실, 화장실 등을 모두 포함한 넓이(발코니(베란다)는 '서비스 면적'으로 전용 면적에 포함되지 않음)
공용 면적 다른 세대와 공동으로 사용하는 공간으로 계단, 복도, 엘리베이터 등의 넓이
공급 면적 전용 면적+공용 면적을 합친 넓이

트예요. 이 아파트를 분양 받으려면 일단, 무주택자여야 해요. 어린이 친구들은 "앗! 저도 집이 없는데 무주택자인가요?"라고 할 수 있어요. 하지만 우리 가족의 대표자인 엄마나 아빠가 집이 있다면 어린이 친구들은 무주택자가 아니랍니다.

국민 주택 분양 당첨 확률을 높이기 위해서는 주택 청약 종합 저축의 '납입(넣은) 횟수'와 '납입(넣은) 금액'이 중요한데요. 전용 면적 40m²(평수 계산: 40×0.3025=전용 면적 12.1평) 이하의 집을 살 때는 납입 횟수를 봐요. 통장에 2만 원 이상의 돈을 꼬박꼬박 더 많이 넣은 사람이 당첨될 수 있는 확률이 높아요.

전용 면적 59m² 그러니까 공급 면적 기준은 83m²(전용 면적 18평+공용 면적 7평=공급 면적 25평형)이나 전용 면적 84m² 그러니까 공급 면적 기준은 110m²(전용 면적 25평+공용 면적 7평=공급 면적 32평형)의 집은 누가 통장에 더 많은 돈이 들어있는지에 따라서 달라져요.

주택 청약 종합 저축 통장에 2만 원에서 50만 원까지 넣을 수 있지만, 국민 주택 납입 금액으로 인정해 주는 금액은 최대 10만 원이라서 10만 원씩 넣는 사람들이 많답니다.

다음은 '민영 주택'이에요. 주변에서 자이, 래미안, 힐스테이트, 더샵 등의 이름이 들어간 아파트를 본 적 있죠? 이런 아파트를 민영 주택이라고 해요. 이 주택을 분양받기 위해서는 점수(가점)가 더 높아야 해요. 시험은 100점 만점이지만 민영 주택은 84점 만점이에요. 무주택 기간과 부양가족 수, 주택 청약 종합 저축 가입 기간에 따라서 점수가 달라져요. 무주택 기간이 길수록, 부양가족 수가 많을수록, 주택 청약 종합 저축 가입 기간이 길수록 점수가 더 높아요. 여기서 청소년에게 해당하는 것은 바로, 주택 청약 종합 저축 가입 기간입니다. 미성년자도 2년의 기간을 인정해 주기 때문에 늦어도 만 17세에는 가입하는 것이 좋겠죠?

부동산 투기는 무엇이고 왜 나쁠까요?

먼저, 투기와 투자의 개념부터 알아볼게요. '투기'란 생산 활동과는 관계없이 단기간에 시세 변동을 예상하여 차익만을 추구해요. 반면, '투자'는 투기와는 달리 이익을 얻기 위하여 어떤 일이나 사업에 자본을 대거나 시간이나 정성을 쏟는 것을 말해요.

즉, 투기와 투자는 생산성의 유무에 따라 나뉜다고 할 수 있겠죠. 투자는 생산 활동과 관련되는 자본재를 유지하거나 증가시키는 활동이지만, 투기는 생산 활동과는 관계없이 이익만을 목적으로 하니까요.

'부동산 투자'라고 한다면 부동산을 사들이는 데 사용 목적이 있다는 의미예요. 땅을 사서 농사를 지을 수도 있고 공장을 차려 사업을 할 수도 있지요. 주택을 지어서 파는 건설업, 다른 사람에게 돈을 받고 건물을 빌려주는 임대업, 건물에 가게를 차려 장사를 하는 자영업을 할 수도 있겠죠.

'부동산 투기'란 생산 활동과는 관계없이 오직 시세 변동을 이용해 큰 이익을 얻으려는 목적으로 부동산을 사고파는 거래를 이야기해요. 또, 일반 투자자들에게는 알려지지 않은 정보를 잘 알고 있는 업무 담당자가 미공개된 중요 정보를 이용하여 미리 부동산 거래를 하고 부당한 이득을 취하는 것도 투기로 볼 수 있어요. 아래 기사를 보면 조금 더 이해가 쉬울 거예요.

#1. ○○년 ○○월 ○○일 "미공개 정보로 불법 투기"

부동산 개발 정보를 미리 알고 접근한 토지 보상 담당자 A씨. 개발 예정지의 땅을 사들여 쓰지도 않는 건물을 미리 짓거나 나무를 빼곡하게 심어 놓았다. 이 나무의 가격은 한 그루당 2천 원, 심는 비용은 1만 원이 안 된다. 하지만 토지 보상금(개인의 땅을 정부나 지방자치단체가 공익을 목적으로 거두어들여 사용하기 위한 대가로 지급하는 돈)으로 받는 돈은 한 그루당 9만 원이 넘는다. 무려 9배가 넘는 수익률인 셈이다. 토지 보상가가 크게 오른 만큼 결국 아파트 분양가도 당초 예상보다 오를 것으로 보인다.

#2. ○○년 ○○월 ○○일 "버스 2대로 내려와 저가 아파트를 싹쓸이"

외지인의 □□지역 △△아파트 시세 차익형 투자가 늘고 있다. 외지인은 △△아파트 가격을 높이고 짧은 기간에 그 지역에 사는 사람들에게 집을 팔아서 높은 시세 차익을 얻은 것으로 보인다. 짧은 기간에 집을 판 외지인의 부동산 평균 보유 기간은 약 4개월에 불과했다. 단기간에 실수요자인 현지인에게 팔면서 높은 시세 차익을 얻어 피해는 고스란히 시민에게 돌아간 것으로 분석된다.

성열 오~ 수익률 900%! 돈 많은 백수로 살 수 있겠는데요?
민준 성열이를 보니까 알 것 같아요. 투자는 생산적이지만, 투기는 일하고 싶은 의욕을 꺾는 것 같네요.

민준이 말이 맞아요. 투기는 생산적이지 못한 상태, 사용해야 할 자본이 부가가치(물건 또는 서비스가 만들어지는 과정에서 새로 덧붙인 가치)를 만들지 못하고, 활용되지도 못하는 상태인 거죠. 다른 사람들의 이야기를 들어볼까요?

농부 "밭을 사서 농사를 더 지으려고 했는데, 땅값이 너무 올라서 땅을 살 수가 없어요."
현지인 "집값이 너무 오르는 바람에 정작 여기에 사는 우리는 살 집을 구하기가 어려워졌어요. 삶의 터전을 잃은 느낌이에요."

청년 "제가 한 푼도 안 쓰고 20년을 모은다고 해도 집 사는 건 불가능해요. 결혼은 꿈도 못 꿔요."

성열 음, 우리가 크면 청년이 되고 독립도 해야 할 텐데. 잠깐만요! 이것 문제가 너무 큰 것 아닌가요.

주연 청년의 말처럼 결혼을 못 하고, 아이도 태어나지 않는다면 앞으로 우리나라에 사람이 점점 줄어든다는 거잖아요.

민준 우리 사회가 병들어가는 느낌이에요. 부익부 빈익빈(부자일수록 더 부자가 되고, 가난할수록 더욱 가난해짐)이 심해지고 저출산으로 일할 수 있는 사람이 줄어들면 국가가 지속되기도 어렵겠는데요?

이렇듯 부동산 투기는 우리 사회에 많은 영향을 미쳐요. 예를 들어 아파트를 거주의 목적이 아닌 시세 차익의 수단으로만 보고 투기를 해서 가격이 급격히 오르면,

1. 가정에서는 가계 부채(빚)가 늘어나 쓸 수 있는 돈이 줄어들어 살림이 팍팍해져요.
2. 임대료도 덩달아 상승하여 자영업자들은 더욱 힘들어져요.
3. 결혼 기피와 출생률 저하로 일할 수 있는 사람이 줄어들어요.

이러한 추세는 사회적인 문제뿐 아니라, 경제 성장에도 부정적인 영향을 주겠죠.

🧒 주연 선생님, 왜 집이 있는데 또 집을 더 사려고 하죠?

그 이유는 제각기 다를 거예요. 자녀들이 다 커서 결혼하게 되니까 집이 더 필요해서 집을 살 수도 있겠지요. 또 은행에 돈을 맡기는 것보다 집을 한 채 더 사서 월세를 받는 게 더 나은 선택이라고 생각해서 부동산 투자를 할 수도 있어요. 더 나아가 '이걸 사서 딱 1년만 가지고 있으면, 가격이 많이 오를 거야. 그때 팔아야지!' 하고 생각해서 부동산 투기를 하는 사람도 있을 수 있을 겁니다.

집이나 건물을 사는 것이 투자냐 투기냐 하는 건 사실 구분이 쉽지 않아요. 그래서 어른들 사이에서도 부동산 투자로 볼 것인지, 아니면 부동산 투기로 볼 것인지에 관하여 논란이 많답니다.

확실한 건 집은 사람이 살아가는 데 꼭 필요해요. 이 집을 현금을 다 주고 마련하는 것은 현실적으로 어려워요. 그래서 대부분의 어른들은 은행에서 '대출'을 받아서 집을 마련합니다. 돈을 빌리는 대출에 관해서는 다음 10교시 단원에서 더 자세히 알아볼게요.

그리고 책 뒤에 있는 부동산 보드게임도 꼭 해 보세요! 더 쏙쏙 잘 이해될 거예요.

1. 여러분이 사는 집의 형태를 적어 보세요.(아파트, 단독 주택, 빌라, 오피스텔 등) 좋은 점과 불편한 점도 생각해 보세요.

2. 내가 살고 싶은 집의 도면도를 그려 보세요. (199p 참조)

금융 경제 교육 10교시
약속을 지키는 신용(대출)

신용은 무엇일까요?

우리는 거짓말을 잘하는 사람 보고 흔히 '양치기 소년'이라고 합니다. '양치기 소년' 이야기를 해 볼까요?

양치기 소년은 매일같이 양을 관리하는 똑같은 일상을 보내고 있었어요. 어느 날 장난기가 발동한 양치기 소년은 늑대가 나타났다고 거짓말로 소리쳤어요. "늑대가 나타났다! 늑대다!" 그러자 마을 사람들이 일하다 말고 허겁지겁 뛰어왔어요. 하지만 늑대는 없었죠. 소년은 "헤헤, 거짓말이에요."라고 말했어요. 마을 사람들은 허탈해하며 돌아갔어요. 얼마 뒤 그 장난에 재미가 붙은 소년은 또 "늑대가 나타났다!"라고 소리쳤어요. 사람들은 이번에도 놀라서 뛰어왔어요. 하지만 장난인 것을 알고 혀를 끌끌 차며 돌아갔지요. "에잇, 이번에도 장난이군!"

그러다 어느 날 진짜 늑대가 나타났어요. 양치기 소년은 깜짝 놀라 "늑대가 나타났다! 늑대가 나타났다!"라고 소리쳤어요. 하지만 이번에도 거짓말일 것으로 생각한 마을 사람들은 그 누구도 오지 않았습니다. 결국 양들은 늑대에게 잡아먹히고 말았답니다.

왜 마을 사람들은 소년을 도와주러 오지 않았을까요? 바로 양치기 소년이 사람들에게 신용을 잃었기 때문입니다. '신용'은 바로 그 사람을 믿는 것, 신뢰한다는 뜻입니다. 남들을 속이고 계속 피해를 준다면 사람들이 그를 믿어 줄까요? 그럴 리 없겠죠.

우리가 경제에서 배우는 '신용'은 남에게 물건이나 돈을 빌려 쓰고 그것을 돌려주거나 갚을 것이라는 믿음을 말합니다.

생활 속의 신용과 신용카드

여러분은 어떻게 해야 신용을 지킬 수 있을까요? 도서관에서 책을 빌린 적이 있나요? 빌린 책을 연체(정한 기간에 약속을 지키지 않고 미루는 것)하지 않고 반납해야겠죠. 학교에서 선생님이 내 준 숙제를 제때해서 제출하면 선생님과의 신용을 지킬 수 있습니다. 어느 날 급하게 돈이 필요해서 친구에게 돈을 빌려야 한다면, 어떻게 해야 친구와의 신용을 지킬 수 있을까요? 빌려 간 돈을 잊지 않고 잘 갚으면 됩니다.

이외에도 생활 속 신용은 많아요. 휴대전화 요금은 이번 달에 쓰고 다음 달에 갚아야 해요. 가스 요금은 어떤가요? 이번 달에 요리한다고 가스를 사용했으면 다음 달에 쓴 만큼 돈을 내야겠죠.

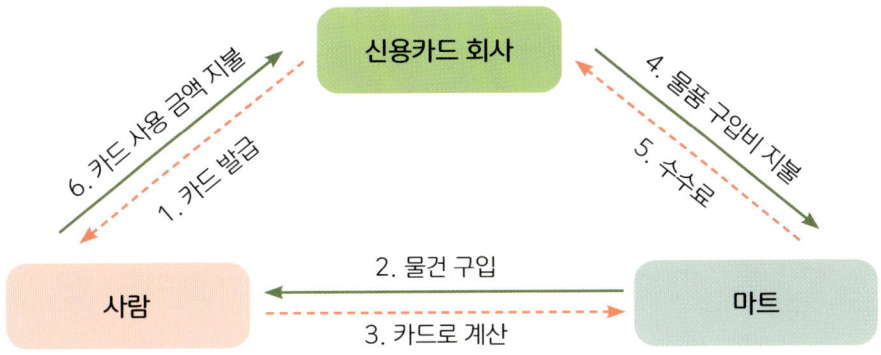

신용카드의 사용 과정

수도 요금도 마찬가지고요. 어른이 되어 집을 마련하거나, 사업하기 위해서 은행에서 돈을 빌리게 되면 빌린 돈에 대한 대가, 대출 이자도 내야겠죠. 이 모두가 생활에서 쌓는 신용입니다.

신용하면 생각나는 것, 신용카드를 빼놓을 수 없습니다. 신용카드는 어떤 과정을 거쳐 사람들이 사용하게 되는 걸까요? 먼저 신용카드 회사에서 신용카드를 발급받아요. 그리고 마트에서 살 물건을 카트에 담고 계산대로 가서 신용카드로 결제합니다. 이때 통장에서 돈이 바로 출금(빠지는 것)되지 않아요. 그러면 마트에서 산 물건값은 누가 대신 내줄까요? 신용카드 회사에서 물품 구입비를 대신 지급합니다. 마트는 신용카드 회사에 수수료를 주고요. 그리고 한 달 뒤 신용카드를 쓴 사람은 그 사용 금액을 카드 회사에 내야 합니다. 즉 신용카드는 갚아야 할 빚입니다.

　가격이 비싼 경우 '할부'로 결제할 수 있어요. 할부는 '돈을 여러 번 나누어 낸다'는 의미로 할부로 결제하면 매달 같은 금액을 나눠서 내게 돼요. 120만 원짜리 냉장고를 사고 3개월 할부로 결제한다면 매달 40만 원씩 내야겠죠.

　여기서 중요한 건 무이자 할부일 때만 매월 40만 원씩 내는 거예요. 보통은 할부 금액에 이자가 붙어서 40만 원에 이자율을 곱한 값을 내야 할 수도 있어요. 그래서 가전제품, 자가용, 휴대폰 등 고가 제품을 살 때는 몇 개월 할부인지, 무이자 할부인지 그 조건을 꼼꼼히 살펴봐야 한답니다. 참고로, 자동차의 경우 보통 36개월(3년) 이상 할부로 사는 경우가 많습니다.

이 신용과 관련된 또 다른 것으로 은행에서 돈을 빌리는 것이 있어요. 그렇다면 돈은 아무나 은행에서 빌릴 수 있는 걸까요? 은행에서 돈을 빌려줄 때 그 사람이 돈을 갚을 수 있는지 없는지 어떻게 판단할까요? 은행은 돈을 빌리는 사람의 신용을 보고 돈을 빌려줄지 말지를 결정합니다. 신용 거래를 하게 되면 거래 기록이 쌓이게 되고, 이 정보는 개인 신용 거래의 역사가 됩니다. 그 사람이 쌓아온 신용 정보가 개인의 신용 점수가 되는 거죠. 이 신용 점수는 금융 거래할 때 참고 자료로 활용합니다.

신용 점수는 0점에서 1,000점까지 있어요. 신용 점수를 평가하는 회사가 있는데, 회사별로 점수가 조금씩 달라요. 그럼 이 신용 점수는 어떻게 쌓을 수 있을까요? 어른이 되었을 때, 체크 카드(결제할 때 통장에서 바로 금액이 빠져나가는 카드)를 월 30만 원 이상 6개월 넘게 꾸준히 사용하면 신용 점수를 쌓을 수 있어요. 빌린 돈을 연체하지 않고 성실히 갚으면 신용 점수를 올리는 데 도움이 돼요. 공공요금이나 통신요금을 자동 이체로 설정해 연체하지 않는 것도 중요해요.

이 신용 점수에 따라 은행에서 돈을 대출받을 수도 있고 점수에 따라 대출 이자도 달라진다는 사실! 신용 점수가 높을수록 신용 대출이나 신용 할부 등에서 유리할 수 있어요. 반대로 신용 점수가 낮다면 돈이 필요할 때 이자를 많이 부담해야 하거나 아예 대출을 받지 못할 수 있어요.

그렇다면 여기서 퀴즈! 돈이 많으면 신용 점수가 높을까요?

정답은 X. 소득 수준과 신용 점수가 반드시 비례하는 건 아니에요. 신용 점수에는 신용 정보 이력과 지금까지 돈을 빌리고 갚지 않은 적이 있는지에 관한 연체 이력이 포함되는데요. 자산이 많고 적고는 신용 점수에 반영되지 않아요. 소득이 높더라도 연체 이력이 많으면 신용 점수는 낮을 수 있는 거죠.

두 번째 퀴즈! 대출도 없고 카드도 없고 현금만 사용하는 사람은 신용 점수가 높을까요?

정답은 X. 신용 거래의 흔적이 전혀 없으면 그 사람의 신용도를 파악하는 게 쉽지 않아요. 오히려 대출이나 신용카드를 사용하고 제때 잘 갚았다면 '이 고객은 돈을 잘 갚을 거야.'라는 믿음이 생기고 이는 신용 점수에 긍정적인 영향을 주죠. 하지만 돈을 잘 갚지 않는다면 신용 점수는 낮겠죠. 그리고 떨어진 신용 점수를 올리는 데는 큰 노력이 필요합니다. 동네 사람들이 양치기 소년의 거짓말에 신용(믿음)을 잃고 등을 돌린 것처럼 말이죠.

착한 빚과
나쁜 빚

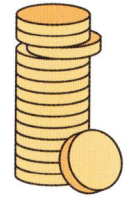

　돈을 빌려서 생기는 '빚'은 무조건 나쁜 걸까요? 그건 아니에요. 돈을 빌려서 더 많은 돈을 벌 수 있다면 어떨까요? 회사에서 투자를 위해 대출을 받고 그 돈으로 기업을 성장시킬 수도 있고요. 회사가 성장하면 일할 사람이 더 필요하게 되고, 사회에는 일자리가 늘어나게 되니 실직자가 줄어들겠죠.

　기업뿐 아니라 개인도 더 큰 소득을 위해서 돈을 빌리기도 한답니다. 대학교에서 공부하기 위해 학자금 대출을 받는 것, 창업하면서 대출을 활용하는 것, 그리고 꼭 필요한 내 집 마련을 위해서 대출을 하기도 해요.

　저축이 미래를 위해 모으려고 쓰는 돈이라면 신용은 그 반대예요. 돈을 미리 쓰고 나중에 갚아야 하는 소비이자 빚이에요. 그래서 나중에 쓸 돈이 줄어들어요. 예를 들어서 멋진 자동차나 예쁜 시계, 명품 가방을 사기 위해서 신용카드를 펑펑 쓴다면 어떻게 될까요? 나중에 꼭 필요할 때 써야 할 돈이 없을지도 몰라요. 이런 소비는 시간이 지날수록 가치가 점점 줄어들어요. 자동차는 한 번만 타도 새 차가 중고차가 되거든요.

하지만 사업을 위해서 차를 산다면 이건 소비가 아니라 투자가 될 수 있어요. 그래서 우리 친구들도 소비하기 전에 항상 고민해야 해요. '이것은 소비일까? 아니면 미래에 더 큰 이득으로 돌아오는 투자일까?' 하고 말이죠.

빌린 돈을 갚지 않으면 어떻게 될까요?

우리가 사는 사회는 신용 사회라고도 말해요. 신용카드로 돈이 없어도 물건을 살 수 있고, 신용으로 돈을 빌릴 수도 있으니까요. 그런데 신용 사회에서 돈을 빌리고 나서 갚지 않는 사람들이 있어요. 바로 '금융채무 불이행자'인데요. 예전에는 신용이 불량하다는 의미로 '신용 불량자'라고도 불렀어요.

은행에서 빌린 돈을 갚지 못하거나 신용카드로 쓴 돈을 갚지 못했을 때 금융채무 불이행자가 될 수 있어요. 50만 원 넘는 돈을 연체하여 3개월 이상 갚지 않았을 때, 연체 금액이 50만 원이 넘지는 않지만 연체 기록이 2건 이상일 때, 그리고 전기 요금이나 세금을 내지 않을 때도 금융채무 불이행자가 될 수 있어요. 금융채무 불이행자가 되면 이 정보가 금융 기관에도 공유됩니다. 다시 말해 "누구누구는 양치기 소년이래요!" 하고 은행 등에 소문이 나는 거예요. "이 사람은 신용이 낮으므로 돈을 갚지 않을 거예요."라는 걸 모든 기관에서 알게 되는 거죠.

　금융채무 불이행자가 되면 사회생활 자체가 힘들어질 수 있어요. 신용카드를 발급받지 못하는 건 물론이고 정말 필요할 때 대출을 받지 못할 수도 있어요. 전기나 물이 끊길 수도 있고 가진 재산을 내놓아야 할 수도 있죠. 심지어 취업이 어려울 수도 있답니다.

　금융채무 불이행자가 되면 신용 점수를 높일 기회가 완전히 사라질까요? 그건 아니에요. 다시 신용 점수를 올릴 수 있어요. 하지만 꽤 오랜 시간이 걸리죠.

　금융채무 불이행자를 구제하기 위해서 채무 조정, 개인 회생과 개인 파산 등의 다양한 제도가 있기도 해요. 그렇지만 자유롭고 안정적인 경제생활과 신용이 주는 편리함을 누리기 위해서는 금융채무 불이행자가 되는 일이 없어야겠죠?

금융채무 불이행자, 김나락 씨 이야기

부채 관리를 잘못해서 파산에 이르게 된 김나락 씨의 이야기입니다.

김나락 씨는 어릴 때 부족함 없이 자랐어요. 원하는 것은 언제든지 가질 수 있었죠. 어른이 되면서 돈 씀씀이가 더욱 커졌습니다. 직장인이 된 후에는 월급으로 명품 옷을 사 입고, 명품 시계를 차고, 주말이면 멋진 차를 빌려 타고 다녔어요. 하지만 시간이 갈수록 월급만으로는 그 돈을 감당할 수가 없었어요. 돈이 부족해진 김나락 씨는 대출을 받아 돈을 쓰기 시작했어요. 하지만 빌린 돈을 갚을 수가 없었어요.

1. 채무 연체 전

다급해진 김나락 씨는 다른 곳에서 돈을 빌려서 메꾸고, 연체되면 또 다른 곳에서 돈을 빌려 메꿨어요. 신용카드로 돌려막기(신용카드 이용액을 결제할 돈이 부족하거나 없으면, 다른 카드로 돈을 마련해 돈을 갚는 것)를 했어요. 돈을 제때 갚지 못하고, 연체 금액이 늘어나니 신용 점수는 계속 떨어지고 돈을 빌리기가 어려워졌어요. 명품 옷과 명품 가방은 중고 거래로 헐값에 팔았고 그 돈으로 빚을 갚아야 했어요.

2. 연체 초기

돈이 연체되자 매일 같이 돈을 갚으라는 재촉 문자와 전화가 끊임없이 왔어요. 간혹 집이나 회사로 채권자들(돈을 빌려준 사람)이 돈을 받으러 찾아오기도 했어요. 너무 불안해서 밤에 잠을 잘 수가 없었어요. 머리도 아프고, 식욕도 뚝 떨어졌어요. 일도 손에 잡히지 않았죠. 김나락 씨는 금융채무 불이행자가 될까 봐 두려웠어요. 게다가 엎친 데 덮친 격으로 회사까지 그만두게 됐어요. 회사를 그만두면서 받은 퇴직금마저도 빚을 갚는 데 써야 했어요.

3. 장기 연체

그래도 갚지 못한 돈 때문에 이자가 매일매일 눈덩이처럼 불어

났어요. 김나락 씨는 심한 좌절감에 빠졌어요. 부모님, 형제, 친척들에게도 돈을 빌리고는 갚지 못했어요. 김나락 씨 때문에 부모님은 살고 있던 집을 팔았고, 가족들은 모두 뿔뿔이 흩어져서 월세를 전전해야 했어요. 김나락 씨의 빚 때문에 한 가정이 파괴된 거예요. 김나락 씨는 이런 현실을 외면하고 싶었어요. 그래서 매일 술을 마시면서 폐인이 되어 갔어요.

김나락 씨를 그대로 둔다면 정말 나쁜 일이 일어날지도 몰라요. 그래서 채무자 구제 제도가 있어요. '채무자 구제 제도'란 과중한 빚으로 돈을 갚는 데 어려움을 느끼는 채무자가 경제적으로 다시 일어날 수 있게 돕는 제도예요. 크게 사적 채무자 구제 제도와 공적 구제 제도로 나눌 수 있습니다.

사적 채무자 구제 제도로는 신용 회복 위원회의 '채무 조정' 방법이 있어요. 돈 갚는 기간을 늘려 주거나 연체 이자를 면제해 주기도 합니다.

공적 구제 제도로는 '개인 파산'과 '개인 회생'이 있어요. '개인 파산'은 현재 가진 재산을 다 처분하여도 빌린 돈을 모두 갚을 수 없는 사람들이 법원에 신청합니다. 개인 파산을 하게 되면 현재 가진 재산을 채권자에게 나눠 주고, 갚지 못한 나머지 빚은 갚아야 하는 책임이 없어져요. 채권자는 빌려준 돈을 받지 못하는 것이죠.

'개인 회생'은 지속적인 소득은 있지만, 빚이 많아서 본인의 힘으로 돈을 갚을 수 없는 사람이 소득에서 생계비를 뺀 나머지 금액으로 3년 동안 빚을 갚아야 하는 제도예요.

채무자 구제 제도는 김나락 씨처럼 경제적으로 힘든 사람에게 새 출발할 수 있는 기회를 주기도 하지만, 성실하게 돈을 갚아야 한다는 의지를 약하게 만든다는 비판의 목소리도 있습니다.

신용을 지키는 방법

청소년도 신용을 관리하는 방법이 여러 가지 있어요. 약속을 반드시 지키고 도서관에서 책을 빌린 후 기한에 맞춰 반납하는 것, 휴대폰 요금이 너무 많이 나오지 않게 주의하고 연체되지 않게 관리하는 것 등이 있어요. 급한 일 때문에 친구에게 돈을 빌렸다면 제때 갚는 것도 신용을 지키는 방법이겠죠.

성열 저는 지난번에 친구들한테 간식 사 먹는다고 돈을 빌렸는데요. 막상 돌려주려니까 아까워서 안 주고 버티고 있어요.

주연 성열이한테는 돈을 빌려주면 안 될 것 같아요. 성열아, 조심해. 너 그러다가 나중에 금융채무 불이행자가 될 수도 있어.

민준 돈을 빌렸으면 '이자'도 줘야 하는 거 아니야? 하루하루 미룰수록 친구들한테 신용도 잃고 이자도 늘어나겠는데?

성열 그건 생각도 못 했네. 엄마한테 빌려서 갚아야겠어.

주연 성열이를 보니까 빚이 빚을 낳는다는 게 무슨 말인지 알겠어요. 빌린 돈을 갚기 위해서 또 돈을 빌리잖아요.

맞아요. 어른들 중에서도 금 나와라 뚝딱 은 나와라 뚝딱하면 금은이 나오는 신기한 도깨비방망이처럼 신용카드를 마구 긋다가 막상 돈을 갚을 때가 되면 '내가 이렇게나 많이 썼어?' 하며 후회하는 사람이 많아요. 신용카드를 쓰고 다음 달 월급이 들어오면 카드 결제 금액을 갚고 다시 신용카드를 쓰고 월급으로 갚는 게 연속인 거죠. 그래서 돈 관리 측면에서 본다면 신용카드보다는 돈을 쓰면 통장에서 바로 돈이 출금되는 체크카드가 좀 더 안전해요. 통장에 남은 금액을 확인할 수 있고 금액이 없으면 결제할 수 없으니 신중한 소비를 할 수 있거든요.

신용은 이런 금전적인 문제뿐만 아니라 주변 사람들에게 신뢰를 잃을 수도 있다는 것도 문제예요. 그러니 다른 사람과의 약속을 잘 지켜야겠죠?

다른 사람과의 약속에 앞서 나 스스로와의 약속을 잘 지키는 것도 중요해요. 계획을 세우고 그것에 맞춰 생활하는 것도 나 자신과의 약속을 지키는 방법이에요. 그리고 '시간'을 잘 지키는 것도 중요해요. 언제까지 무엇을 하기로 했다면 미루지 않고 그 약속을 지킬 수 있도록 노력해야겠죠.

지금까지 선생님과 함께한 경제 교육 어땠나요?

> **성열** 사실 저는 지루할 줄 알았는데 들으면 들을수록 재미있고 흥미로웠어요.
>
> **주연** 경제, 금융이라는 단어가 너무 어렵게 느껴졌는데 돈, 소득, 소비, 저축 등을 알고 나니까 경제에 대해서 한 발짝 더 가까이 가게 된 것 같아요.
>
> **민준** 도움이 많이 됐어요. 이제는 경제 뉴스를 보면서 부모님께 여쭤보지 않아도 될 것 같아요. 그리고 미래를 위해서 금융에 관해 더 많이 배워야겠다는 생각이 들었어요.

그래요. 우리 친구들과 우리나라의 미래를 위해서도 경제와 금융에 대해서 배워야 해요. 금융 선진국이 되려면 우리 친구들이 '금융'에 관해서 잘 알고, 금융 습관을 키워나가는 것이 중요하겠죠.
앞으로 합리적인 소비와 저축 계획을 실천할 수 있는 멋진 어른으로 성장하길 바랍니다. 약속!

1. 신용을 지키기 위한 자기만의 방법을 써 보세요.

2. 선생님과 함께한 경제 교육은 어땠는지 소감을 써 보세요.

3. 합리적인 경제생활을 위해 무엇을 실천할 것인지 다짐을 써 보세요.

부록

용돈 기입장

기간   월 일 ~ 월 일

날짜	내용	만족여부	들어온 돈	나간 돈	남은 금액
/					
/					
/					
/					
/					
/					
/					
/					
/					
/					
/					
/					
/					
/					
/					
/					
/					
/					
합계					

용돈 계약서

1. 용돈 받는 날은 매 (일, 주, 월) (요일), (일) 로 정합니다.

2. 용돈 금액은 ₩_____ 로 정합니다.

3. 용돈의 ₩_____ 는 소비, ₩_____ 는 저축합니다.

4. 책값과 학용품 등 준비물은 부모님이 부담합니다.

5. 홈 아르바이트를 통해서 추가로 용돈을 얻을 수 있습니다.

-
-
-
-
-

단, 추가 용돈은 월 최대 ₩_____ 까지만 얻을 수 있습니다.

년   월   일

나는 책임감을 가지고
성실히 용돈을 관리할 것을 약속합니다.

나는 자녀의 용돈 사용에 대한
자유로운 선택권을 인정합니다.

계약자 어린이 _____ (서명)   **계약자 부모님** _____ (서명)

5. 세금의 종류 함께해봐요 정답

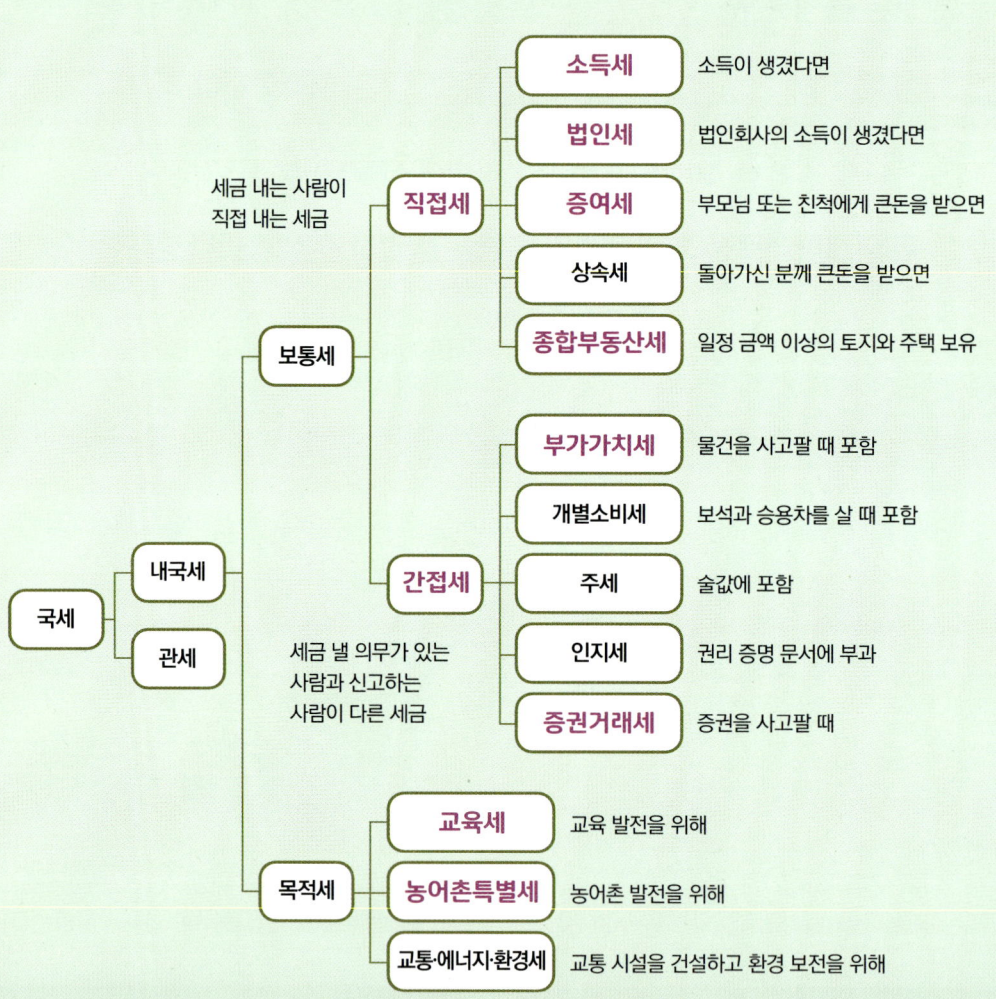

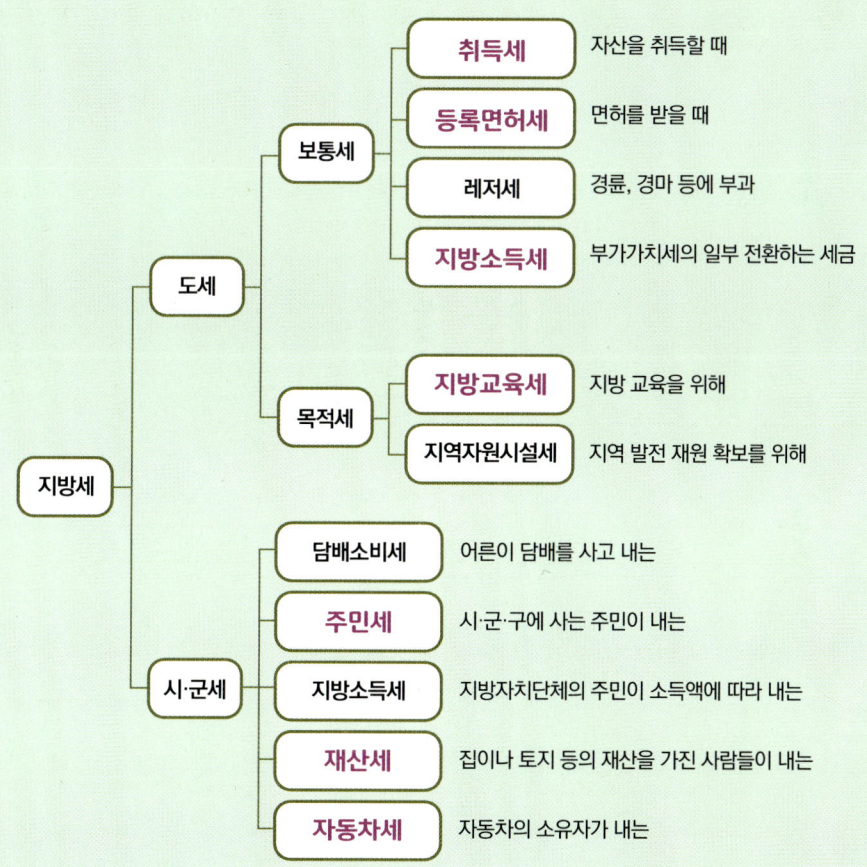

등기부 (갑구)

건물 번호	소유권 보존 첫 번째 소유주 이름	소유권 이전 두 번째 바뀐 소유주 이름	소유권 이전 세 번째 바뀐 소유주 이름	소유권 이전 네 번째 바뀐 소유주 이름
예시 0번	민준	성열	민준	주연
1번				
2번				
3번				
4번				
5번				
6번				
7번				
8번				
9번				
10번				
11번				
12번				
13번				
14번				
15번				
16번				
17번				

감사의 말

아낌없는 조언을 해 주신 수강생분들과 앞으로 나아가야 할 방향을 제시해 주시고, 소중한 의견을 주신 기업·기관 담당자님, 학교 선생님들 덕분에 부족했던 강의가 조금씩 발전할 수 있었습니다.

더 나은 교육 방법과 금융 경제 교육에 관한 강사 교육을 제공해 주시는 소속 기관 및 협력 기관 측에도 감사의 인사를 드립니다. 연구원님, 주임님, 대리님, 팀장님, 과장님, 차장님, 부장님, 교수님, 센터장님 모두 감사합니다. 길을 찾지 못하고 헤맬 때 등대 역할을 해주신 각 지역경제교육센터 선생님들과 소속 기관의 선생님들께도 감사의 인사를 드립니다. '능력 있는 사람과 더 좋은 기관을 연결해 주는 것도 내 역할'이라고 말씀하시며 주변에 적극 추천해 주신 기업 교육부장님께도 이 자리를 빌어 감사 인사를 드리고 싶습니다.

늘 응원해 주는 오랜 친구들, 든든한 지원군 역할을 해 주신 양가 부모님, 감사합니다. 늘 적극적인 지지를 해주고, 이번 책의 처음부터 끝까지 읽은 후 조언을 해준 남편 김보승 씨에게도 감사하다는 말을 전하고 싶습니다. 그리고 세상에서 가장 소중한 아들아, 사랑한다.

끝으로 이 책이 나오기까지 방향을 제시해 주시고, 마지막까지 꼼꼼하게 원고를 챙겨 주신 사람in 출판사분들께 다시 한번 감사드립니다.

도움 받은 자료

책

돈돈돈이 뭐라고? 박은호 글, 파키나미 그림 / 그린북

경제는 어렵지만 부자가 되고 싶어 월터 안달 지음, 김선희 옮김, 김조이 그림 / 월북

내 돈이 어디로 갔지? 케빈 실베스터, 미챌 린카 글, 김영배 옮김 / 아이세움

우리 아이 첫 돈 공부 경제금융교육연구회 이은주 천상희 김성훈 최인걸 지음 / 오리진하우스

어린이를 위한 4차 산업 혁명 안내서 정윤선 글, 우연희 그림 / 다락원

MBA 경제사회 와니북스

알고 싶어요. 세금 이야기 국세청, 한국조세재정연구원

사이트

기획재정부 경제e야기

금융감독원 금융교육센터

기사

매일경제 신문 한국직업변천사
https://www.mk.co.kr/news/economy/view/2011/01/64969/

'준'부자는 근로소득, '찐'부자는 상속·증여
http://news.heraldcorp.com/view.php?ud=20211112000674

"집주인 호가=집값?" 인수위, 부동산 통계 들여다본다
https://news.mt.co.kr/mtview.php?no=2022032912281075369

한은 "부동산 가격 오르면 고령자 은퇴 많아진다"
https://newsis.com/view/?id=NISX20220209_0001751857&cID=15001&pID=15000

[알쏭달쏭 보험이야기] 목소리부터 다리까지 키퍼슨 보험
http://www.insnews.co.kr/design_php/news_view.php?num=61295&firstsec=5&secondsec=53

이색 보험의 세계. '오른손 보험'부터 '층간소음'보장까지
https://www.mk.co.kr/economy/view/2020/820085

보드게임용 지폐

1,000만 원	1,000만 원	1,000만 원	1,000만 원	500만 원
1,000만 원	1,000만 원	1,000만 원	1,000만 원	500만 원
1,000만 원	1,000만 원	1,000만 원	1,000만 원	500만 원
1,000만 원	1,000만 원	1,000만 원	1,000만 원	500만 원
1,000만 원	1,000만 원	1,000만 원	1,000만 원	500만 원
1,000만 원	1,000만 원	1,000만 원	1,000만 원	500만 원
1,000만 원	1,000만 원	1,000만 원	1,000만 원	500만 원
1,000만 원	1,000만 원	1,000만 원	1,000만 원	500만 원
1,000만 원	1,000만 원	1,000만 원	1,000만 원	500만 원
1,000만 원	1,000만 원	1,000만 원	1,000만 원	500만 원
5,000만 원	5,000만 원	5,000만 원	5,000만 원	500만 원
5,000만 원	5,000만 원	5,000만 원	5,000만 원	500만 원
5,000만 원	5,000만 원	5,000만 원	5,000만 원	500만 원
5,000만 원	5,000만 원	5,000만 원	5,000만 원	500만 원
5,000만 원	5,000만 원	5,000만 원	5,000만 원	500만 원
1억 원	1억 원	1억 원	1억 원	500만 원
1억 원	1억 원	1억 원	1억 원	500만 원
1억 원	1억 원	1억 원	1억 원	500만 원
1억 원	1억 원	1억 원	1억 원	500만 원